O CÉREBRO COM FOCO E DISCIPLINA

RENATO ALVES

Autor best-seller com mais de 200 mil cópias vendidas

O CÉREBRO COM FOCO E DISCIPLINA

TRANSFORME SEU COTIDIANO COM MAIS PRODUTIVIDADE E DESENVOLVA O AUTOCONTROLE PARA RESULTADOS EXTRAORDINÁRIOS

Gente
editora

Diretora
Rosely Boschini
Diretora Editorial
Joyce Moysés
Editora
Carolina Forin
Assistente Editorial
Mariá Moritz Tomazoni
Produção Gráfica
Leandro Kulaif
Preparação
Entrelinhas Editorial
Gabrielle Carvalho
Capa
Renata Zucchini
Projeto Gráfico
Márcia Matos
Renata Zucchini
Diagramação
Renata Zucchini
Revisão
Sirlene Prignolato
Bianca Maria Moreira
Ilustrações
Criadas com inteligência artificial pelo autor
Impressão
Bartira

R. Dep. Lacerda Franco, 300 – Pinheiros
São Paulo, SP – CEP 05418-000
Telefone: (11) 3670-2500
Site: www.editoragente.com.br
E-mail: gente@editoragente.com.br

Dados Internacionais de Catalogação na Publicação (CIP)
Angélica Ilacqua CRB-8/7057

Alves, Renato
O cérebro com foco e disciplina : transforme seu cotidiano com mais produtividade e desenvolva o autocontrole para resultados extraordinários / Renato Alves. - São Paulo : Editora Gente, 2025.
160 p.

ISBN 978-65-5544-633-3

1. Desenvolvimento pessoal 2. Autodomínio 2. Disciplina mental 3. Controle da mente I. Título

25-2786 CDD 158.1

Índices para catálogo sistemático:
1. Desenvolvimento pessoal

NOTA DA PUBLISHER

Desde o momento em que conheci o trabalho de Renato Alves, percebi algo raro: para além de técnicas, ele entrega uma filosofia de vida que se traduz em resultados concretos para milhares de pessoas.

Em 2015, quando publicamos a primeira edição de *O cérebro com foco e disciplina*, vivíamos talvez um dos primeiros grandes momentos em que a aceleração do mundo moderno, com as grandes disputas pela nossa atenção, aconteciam de maneira mais evidente. Agora, uma década depois, discutir como podemos superar essa batalha diária se tornou ainda mais importante.

Em meio a aplicativos, redes sociais e notificações incessantes, aprender a blindar a mente e direcionar a energia mental para o que realmente importa deixou de ser um diferencial e passou a ser uma questão de sobrevivência emocional e realização pessoal. E é exatamente essa urgência que faz desta edição revista e ampliada ainda mais necessária.

Renato, com sua autoridade reconhecida como recordista de memória e mentor de alto desempenho, fala ao leitor de maneira acessível, mas poderosa. Seu grande mérito, aos meus olhos, que tenho o privilégio de acompanhá-lo de perto, é mostrar que foco e disciplina não são dons inatos, mas habilidades treináveis — um convite à autossuficiência mental que se traduz em mais conquistas, mais tranquilidade e menos desperdício de vida.

Como ele mesmo afirma, "autocontrole é a chave para o foco. O foco é a chave para o poder de realização. O poder de realização é a chave do seu sucesso".

Quem se entrega a esta leitura entende como fortalecer a mente, conter a dispersão, assumir o comando dos pensamentos e viver com mais clareza de propósito. É um livro para ser vivido, relido, aplicado. É, sobretudo, uma fonte de esperança de que, mesmo em tempos tão ruidosos, podemos reconquistar o silêncio interior que nos permite realizar nossos sonhos mais grandiosos.

Se este livro fez tanto sucesso em sua primeira edição, tenho certeza de que esta nova versão, atualizada para os desafios ainda mais complexos do mundo digital, continuará transformando vidas.

Boa leitura e que, a partir de agora, você transforme sua mente em sua maior aliada, definitivamente!

ROSELY BOSCHINI
CEO e Publisher da Editora Gente

Dedico este livro a todos que ouviram o chamado de seus sonhos, abraçaram a missão de transformar o impossível em realidade e perseveraram com foco, disciplina e coragem para cumprir seu propósito.

AGRADECIMENTOS

Por mais que escrever seja uma tarefa solitária, ela nunca acontece de maneira isolada. Todo autor, para conseguir mergulhar no silêncio da criação, precisa do apoio certo – aquele que inspira, que sustenta, que acredita. E é com o coração profundamente grato que reconheço as pessoas que tornaram este livro possível.

À equipe extraordinária da Memory Academy, meu mais sincero agradecimento. É graças à competência, à confiança e ao comprometimento de cada um de vocês que posso exercer a direção à distância e, ao mesmo tempo, me entregar com alma ao processo criativo. Vocês são parte essencial desta obra.

Minha gratidão também à Rosely Boschini e à toda equipe dedicada da Editora Gente, que abraçaram esta mensagem com tanto carinho e confiança, assumindo o compromisso de levá-la às mãos e aos corações de milhares de pessoas por todo o Brasil.

Como pesquisador apaixonado pelo comportamento humano e pela busca pela excelência, encontrei inspiração em muitas vozes, histórias e trajetórias. Por isso, agradeço com emoção a todos os autores e pesquisadores, do presente e do passado, que com seus livros e artigos alimentaram minha mente e minha alma. A meus alunos, que compartilharam suas experiências com generosidade, permitindo que este livro fosse, também, um espelho da vida real.

E, especialmente, quero honrar cinco pessoas que foram – e sempre serão – pilares em minha formação: a minha mãe, Tina Bernava, minha fortaleza de coragem e amor incondicional; ao Valdomiro Bernava, exemplo vivo de liderança, integridade e disciplina; ao Décio Bernava, cuja presença iluminava os ambientes, deixando sempre um rastro de alegria e leveza; ao inesquecível Geraldo Franco, o querido Geraldinho, por suas histórias encantadoras, repletas de sabedoria, ética e lições profundas de superação; e ao querido Innocente Chiaradia, que com generosidade e sensibilidade me ensinou a arte de escrever – e, por isso, estará para sempre presente em cada página que eu assinar. A cada um de vocês, minha eterna gratidão. Muito mais do que palavras, este livro carrega a essência de tudo o que aprendi com vocês.

SUMÁRIO

COMO E POR QUE ESTE LIVRO FOI ESCRITO

Tente se lembrar de um momento em que você se sentiu paralisado pelo medo diante de uma decisão importante. O que precisava decidir? Se devia abrir um negócio ou mudar de emprego? Terminar ou assumir um relacionamento? Fazer um financiamento ou vender um patrimônio?

O fato é que grandes decisões têm o poder de transformar a vida de quem decide e a de todos ao redor. Elas podem abrir portas para um futuro melhor ou, se mal calculadas, podem desencadear erros que levam a uma espiral de prejuízos, problemas, ansiedades e preocupações.

O medo, nesse contexto, funciona como um mecanismo de alerta, um sinal de que devemos agir com cautela. No entanto, muitas pessoas, em vez de adotar a prudência de um motorista que reduz a velocidade sob uma forte chuva, acabam paralisadas. Hesitam, perdem oportunidades e, em muitos casos, abandonam completamente os sonhos que tanto planejaram.

Em vez de temer tomar decisões, deveríamos nos dedicar a refletir melhor, estudar, calcular, planejar e garantir um plano B, para então nos movermos em direção aos planos que sonhamos. O medo é um estado mental paralisante, mas também profundamente pedagógico. Ele pode nos tornar pessoas melhores quando decidimos encará-lo. Hoje, aos 52 anos, vejo o medo como o farol que ilumina algo que exige um pouco de atenção, mas admito que nem sempre foi assim.

Nasci em uma família pobre, filho de um segurança de banco e uma costureira. Com três filhos para sustentar, o dinheiro era escasso, e a falta de recursos era uma realidade constante em nossa casa.

Entrei no mercado de trabalho aos 12 anos e, conforme estudava e adquiria experiência, fui conquistando oportunidades melhores, mudando de emprego de tempos em tempos. Com o tempo, passei a viajar e conhecer lugares que nunca imaginei que existissem. Essa vivência despertou meu espírito sonhador e ampliou meus horizontes, mostrando-me que o mundo era muito maior do que eu pensava e que havia possibilidades além das limitações que eu conhecia.

Na juventude, fui ambicioso. Queria dar uma vida confortável a minha família, ter uma casa espaçosa – pois morávamos em cinco pessoas em uma casa velha, de madeira, com apenas quatro cômodos –, ter bons carros na garagem, um trabalho que me proporcionasse liberdade financeira e, acima de tudo, a tranquilidade de ir ao mercado e comprar o que eu quisesse, sem me preocupar com os preços.

O problema é que essas ambições raramente passavam da primeira página de meu livro da vida. Na página seguinte, eu sempre esbarrava em desafios crônicos. Primeiro, a falta de foco e clareza para discernir se aquilo que eu tanto desejava era, de fato, do que eu realmente precisava. Segundo, a falta de disciplina para sustentar a execução de modo consistente. E terceiro, a ausência de um método eficaz para saber por onde começar a transformar meus planos em realidade.

Foco, disciplina e um método estruturado eram os elementos essenciais que faltavam para direcionar toda a energia acumulada dentro de mim.

Existem muitos livros que ensinam como desenvolver o foco, e eles em geral o definem como um estado mental em que a atenção está totalmente direcionada para uma única tarefa. De fato, prestar atenção em uma única tarefa é um exercício poderoso.

No entanto, é interessante observar que muitas pessoas dominam o "poder do foco", mas o aplicam em atividades que não contribuem para algo significativo. Elas conseguem navegar profundamente nas redes sociais, vencer partidas de videogames ou maratonar séries de televisão com foco absoluto. Algumas atravessam a noite envolvidas nessas tarefas, sem comer, sem beber, sem dormir e, principalmente, sem reclamar.

Isso mostra que o foco, por si só, é uma ferramenta poderosa e faz parte da nossa essência, mas é insuficiente. Se não estiver acompanhado de um propósito elevado e de uma virtude essencial chamada disciplina, o foco se torna um recurso desperdiçado. Somente a união entre foco e disciplina pode levar uma pessoa a realizar algo de fato edificante, algo que valha a pena nesta vida.

Foco e disciplina são elementos estratégicos para superar nossos próprios limites, explorar novas possibilidades do conhecimento, estimular nossa criatividade, inovar e alcançar um sentimento de plena realização em cada conquista.

Foi exatamente essa definição que me fez refletir sobre o empenho necessário para tirar uma ideia do papel e agir com disciplina até a realização dela. As coisas não são tão fáceis quanto parecem nas redes sociais.

Quando nos propomos a realizar algo grandioso, inevitavelmente enfrentamos uma rajada de ataques – tanto diretos quanto indiretos – de pessoas que não torcem por nosso crescimento. Mas o maior obstáculo, muitas vezes, vem do chamado "fogo amigo": os ataques silenciosos de nossa própria mente.

Acredite, sua mente pode trabalhar arduamente contra você, tentando mantê-lo preso à zona de conforto. E isso não é por acaso. Nosso cérebro foi programado para economizar energia, e qualquer mudança representa um gasto extra. A diferença entre quem avança e quem estagna está na capacidade de superar essa resistência interna.

Durante quase dois anos, do início do ano 2000 até o final de 2001, frequentei um curso de mestrado em Filosofia como aluno convidado. Nesse período, trabalhei em um projeto de linguagem de programação com base em lógica *Fuzzy*, uma das precursoras do que hoje conhecemos como inteligência artificial.

Quando apresentei meu projeto de pesquisa, meu orientador o levou para casa para analisá-lo. Na semana seguinte, durante uma reunião, ele me fez uma pergunta direta: "Qual é a novidade aqui?".

Naquele momento, percebi que meu trabalho, embora bem-estruturado, não trazia uma contribuição inovadora. Eu estava apenas compilando o conhecimento de outros pesquisadores – ou seja, apenas mais do mesmo. Ele me ensinou que, se algo precisa ser feito, deve ser bem-feito. Além disso, para que um projeto realmente avance e tenha relevância, é preciso adicionar um novo olhar, uma nova reflexão, algo que o eleve a um novo patamar – exatamente como fazem os grandes nomes das ciências.

Sem saber, ele estava me apresentando o que, no futuro, se tornaria a melhor definição de disciplina: **"Fazer o que precisa ser feito, do jeito certo, aconteça o que acontecer"**.

A necessidade de foco e disciplina tem crescido cada vez mais. Vivemos em um mundo estimulante que nos convida da primeira até a última hora do dia a ficar com os olhos focados em uma tela checando notificações, mensagens, conversas e atualizações nas redes sociais, entre outras atividades.

Excluindo aqueles cuja atenção já foi completamente sequestrada pelos algoritmos, a população em geral – que ainda tenta resistir ao excesso de estímulos – tem enfrentado um declínio alarmante na capacidade de manter o foco.

Segundo a Associação Americana de Psicologia, a atenção sustentada em uma única tarefa despencou de 2 minutos e meio para apenas 47 segundos. Esse comportamento não apenas drena nossa energia mental, mas também compromete nossa saúde física e emocional de um modo muito sério, reduzindo drasticamente a produtividade.[1] E não é apenas a distração que nos ameaça. Há também um fenômeno preocupante: a terceirização das funções mais nobres do cérebro humano. Quando trocamos nossa capacidade lógico-matemática por uma calculadora, delegamos a ela uma habilidade que deveria ser exercitada pelo próprio cérebro. Quando escolhemos anotar tudo, gravar ideias em áudios ou fotografar slides em vez de absorver o conteúdo, estamos terceirizando nossa memória.

E, no pior cenário, quando deixamos que algoritmos de inteligência artificial pensem e decidam por nós, estamos abrindo mão de nossa própria habilidade de raciocínio crítico. Não significa que perderemos a capacidade de calcular, memorizar ou decidir – mas quanto mais transferimos essas funções para máquinas, menos exercitamos nosso cérebro e mais reduzimos nossa capacidade cognitiva.

É urgente intensificar o treino cerebral para aprimorar nossas habilidades naturais e evitar o *descarregamento cognitivo* – um fenômeno descrito na revista *Societies*, que demonstra que quanto mais dependemos de ferramentas de inteligência artificial, mais comprometidas ficam nossas capacidades de pensamento crítico.[2] Em outras palavras, ao delegarmos nossas funções

---

[1] LUMER. R. Nossa capacidade de atenção está diminuindo? Entenda como reverter. **CNN Brasil**. Disponível em: www.cnnbrasil.com.br/saude/nossa-capacidade-de-atencao-esta-diminuindo-entenda-como-reverter/. Acesso em: 8 jul. 2025.

[2] ESTUDO aponta que a IA está reduzindo a capacidade cognitiva das pessoas. **Forbes**, 23 jan. 2025. Disponível em: www.forbes.com.br/forbes-tech/2025/01/estudo-aponta-que-a-ia-esta-reduzindo-a-capacidade-cognitiva-das-pessoas/. Acesso em: 3 maio 2025.

mentais às máquinas, corremos o risco de nos tornarmos intelectualmente passivos, deixando de exercer a autonomia do pensamento.

Quando escrevi a primeira versão deste livro, em 2014, um usuário médio de smartphone desbloqueava o aparelho cerca de 33 vezes por dia, o que já representava um sinal de dependência digital crescente. Hoje, temos 228 acessos diários, uma média alarmante que demonstra como a tecnologia vem drenando nossa atenção e fragmentando nossa capacidade de foco. E se essa tendência continuar sem controle, em 2035 poderemos ultrapassar 500 interações diárias, tornando os algoritmos uma presença quase ininterrupta em nossa mente, substituindo momentos de introspecção, criatividade e aprendizado profundo por uma enxurrada de notificações e distrações.

O problema não é apenas o tempo gasto com a tela, mas o impacto direto na forma como pensamos, tomamos decisões e vivemos. Se não desenvolvermos disciplina e controle sobre essa relação com a tecnologia, corremos o risco de nos tornar reféns do digital, incapazes de manter o foco em qualquer atividade sem a intermediação de um algoritmo.

Para escrever este livro, dediquei anos à pesquisa aprofundada do tema, explorando bibliotecas, arquivos na internet, matérias jornalísticas e entrevistas com especialistas renomados nas áreas de psicologia e neurociência. Meu objetivo era separar, com rigor científico, o que era embasado em evidências do que não passava de desinformação.

Desses anos de aprendizado, usei minha própria mente como campo de aprimoramento. Com o tempo, percebi algo fundamental: a eficiência da memória – tanto na retenção quanto na recordação – está diretamente ligada ao grau de foco e disciplina de uma pessoa.

Descobri que, quanto mais concentrado alguém está, seja em uma tarefa, no trabalho ou na leitura de um livro, mais registros seu cérebro armazena e recupera com precisão. Em outras palavras, a memória pode ser vista como um indicador da qualidade de nosso foco.

O contrário também é verdadeiro: uma memória fraca muitas vezes reflete o nível de distração que alguém enfrenta no dia a dia, mostrando o impacto negativo de um estado mental fragmentado e disperso.

Com essa descoberta, mergulhei no estudo dos sistemas de memorização, desde as técnicas utilizadas na Grécia Antiga até os métodos avançados aplicados nos campeonatos de memória na Europa e na Ásia.

Aprofundando minha pesquisa, desenvolvi mais de 85 técnicas distintas de memorização e refinei minha capacidade a um nível tão alto que, em

2006, me submeti a uma homologação oficial no Livro dos Recordes do Brasil, conquistando, na época, o título de Melhor Memória do Brasil.

Além disso, os insights obtidos em meus estudos me levaram a criar a palestra "Foco e Disciplina para Máxima Produtividade", que apresentei inúmeras vezes em empresas, escolas, universidades e órgãos públicos.

Durante esse período, cheguei a realizar mais de 250 apresentações por ano, e o que mais me impressionava era a forte conexão com o público. Os elogios vinham pelo conteúdo e pelo impacto real que a palestra gerava, ajudando pessoas a desenvolverem foco e disciplina em seus projetos pessoais e profissionais, resultando em maior comprometimento e conquistas concretas.

Um dos testemunhos mais marcantes que recebi foi o de uma participante chamada Lígia, uma aluna que, meses depois, me enviou um vídeo emocionante contando sua história.

Ela havia tentado passar em concursos públicos quarenta vezes e falhado em todas. Como último recurso, decidiu investir em um dos meus treinamentos de memorização para os estudos, com base nos fundamentos de foco e disciplina que compartilho neste livro.

Aplicando as técnicas ensinadas, somadas às técnicas de estudo e memorização, ela não apenas conseguiu sua aprovação, mas conquistou o primeiro lugar em dois concursos concorridos. Ela disse que, pela primeira vez, encontrou a estabilidade e a prosperidade que tanto buscava.

Assim como Lígia, milhares de alunos da Memory Academy, empresa que fundei em 2004, compartilharam suas histórias de superação – relatos impactantes de como o foco e a disciplina transformaram suas vidas.

Conforme foi atribuído a Henry Ford, "há mais pessoas que desistem do que pessoas que fracassam". E, de fato, os motivos que levam alguém a desistir de seus sonhos são muitos, mas a falta de foco e disciplina estão entre os principais. A dificuldade de manter a atenção naquilo que realmente importa se tornou um dos maiores desafios da vida moderna, afetando tanto jovens quanto adultos e contribuindo para uma crise generalizada de saúde mental.

Neste sentido, o objetivo deste livro é oferecer reflexões profundas sobre as causas dessa dispersão e, para além disso, apresentar sugestões práticas para que você possa desenvolver foco e disciplina de maneira estruturada e eficiente.

NOVE SUGESTÕES PARA MANTER O FOCO E CONCLUIR ESTE LIVRO

Se você chegou até aqui, significa que busca mudanças reais em sua vida. Talvez você já tenha sentido a empolgação de comprar vários livros, apenas para depois enfrentar a frustração de começar a leitura e abandoná-los pela metade. Talvez já tenha prometido a si mesmo que seria mais disciplinado, apenas para cair, dias depois, na armadilha da procrastinação.

Mas este livro é diferente. Aqui, você descobrirá como funciona um cérebro com foco e disciplina – dois componentes que você sabe que precisa fortalecer. E só por isso já vale a pena preparar um chá, sentar-se confortavelmente e absorver cada página como se seu cérebro estivesse faminto por conhecimento.

Este livro foi feito para ser refletido, compreendido, memorizado e aplicado. Para garantir que você tire o máximo de proveito desta leitura e, mais importante, a conclua, sugiro que siga estas nove sugestões práticas.

1. Leia como se sua vida dependesse disso. Se pensar bem, talvez sua vida realmente dependa de ter mais foco e disciplina para conquistar seus objetivos. Então, antes de iniciar cada capítulo, pare por um momento e reflita:

- Quais são meus planos?
- Aonde exatamente desejo chegar?
- O que posso aprender e aplicar em minha vida a partir desta leitura?

Não ignore este exercício – faça-o agora mesmo! Ter um objetivo claro tornará sua leitura mais envolvente e direcionada. Leia este livro como quem busca uma ferramenta para resolver um problema real, porque, acredite, quem já o leu garante que ele é transformador e traz soluções para muitos desafios. E acima de tudo, lembre-se: existem muitos projetos, sonhos e realizações que podem levar você à felicidade que dependem, em grande medida, de sua habilidade de ativar um estado de foco e agir com disciplina.

2. Reserve um tempo fixo para a leitura. Não espere ler o livro inteiro para ter disciplina. Na verdade, a disciplina começa agora, no momento em que você abre o livro. Escolha um horário fixo em seu dia para ler este livro, mesmo que sejam apenas quinze minutos. O ideal é ler pela manhã para que você tenha tempo de aplicar o que aprendeu ao longo do dia. Mas, se não for possível, leia antes de dormir ou durante uma pausa no trabalho. Pense na leitura como um hábito essencial, assim como tomar banho ou escovar os dentes. Você não deixa de fazer essas coisas, certo? Então, faça da leitura seu processo diário de higiene mental. O mais importante é começar (e você já começou) e manter a consistência. Pequenos blocos de tempo ociosos, quando bem aproveitados, geram grandes transformações.

3. Pratique a leitura ativa. Interrompa a leitura com frequência para refletir sobre o conteúdo. Os alunos do meu treinamento, Metaleitura (leitura dinâmica inteligente), aprendem que ler não é apenas passar os olhos pelo texto enquanto a mente vagueia – é preciso interagir com o conteúdo. Eu chamo isso de leitura ativa, na qual a experiência se transforma em uma conversa envolvente com o autor. Para isso, siga estas práticas:

- Grife as partes mais impactantes e revise todos os meses.
- Faça anotações com insights e reflexões e as revise.
- Escreva dúvidas e perguntas nas margens.
- Pare e responda mentalmente às questões levantadas pelo texto.
- Conecte o conteúdo a sua vida, aplicando o que aprendeu.

Imagine que estamos juntos, sentados em uma sala tranquila, conversando enquanto você lê estas palavras. Absorva cada conceito como se estivesse diante de uma oportunidade única de transformação – porque, de fato, está.

4. Aplique o que aprendeu imediatamente. Nos cursos de memorização e concentração que ministro pelo país, ensino que leitura sem ação é apenas entretenimento. Você precisa garantir que este livro gere impacto real em sua vida; para isso, tenha disciplina e aplique as técnicas e conceitos no mesmo dia em que os aprender. Se o capítulo fala sobre relacionamentos, estabeleça uma meta pessoal para o dia. Se for sobre foco, experimente uma técnica de concentração. Cada pequena ação gera um efeito dominó em sua vida.

5. Ensine para aprender mais rápido. Um dos segredos mais poderosos dos meus treinamentos para memorização é este: o melhor jeito de fixar um conhecimento é ensinando. Memorização é um processo ativo. Aprendemos mais quando refletimos, questionamos, utilizamos e ensinamos a outras pessoas. Então, explique um conceito deste livro para alguém - pode ser um amigo, colega de trabalho ou um familiar. E não se esqueça de citar a fonte. Você pode fazer isso de várias formas:

- Em uma conversa casual, comentando algo que aprendeu.
- Em uma postagem nas redes sociais.
- Criando um áudio e compartilhando um insight com alguém próximo.

Quando você ensina, seu cérebro processa a informação de maneira mais profunda, consolidando o aprendizado. E, de quebra, você ainda inspira outras pessoas a também buscarem mais foco e disciplina.

6. Controle a ansiedade: leia no tempo certo. É tentador querer ir direto para o final do livro; entretanto, não é esse o objetivo. Aqui, estamos falando de um treinamento em foco e disciplina - e isso exige quebra de hábitos ruins e implementação de novos hábitos, ou seja, você precisa de um jeito especial de ler e aprender. Pense em mim como o Sr. Miyagi, do filme *Karatê Kid*, que ensina disciplina antes de liberar o discípulo para a luta. Sua luta aqui não é contra um adversário físico, e sim contra a ansiedade, a preguiça, a procrastinação e a pressa, fatores que fazem você querer acelerar o tempo sem aprender o essencial. Por isso, tenha em mente que a qualidade importa muito mais do que a ansiedade. Se necessário, releia um capítulo antes de seguir adiante. Certifique-se de que compreendeu os ensinamentos e, mais importante, de que os colocou em prática antes de avançar.

7. Transforme o livro em um manual de consulta. Você não precisa lê-lo apenas uma vez. Mantenha este livro por perto e retorne a ele sempre que sentir que está perdendo o autocontrole, o foco ou a disciplina. Lugar de livros não é na estante, mas nas mãos das pessoas. Os ensinamentos que fazem sentido hoje podem ganhar um novo significado daqui a alguns meses. Grandes livros são feitos para serem revisitados.

8. Recompense-se pelo progresso. Essa é uma das melhores partes. A disciplina se fortalece com pequenas recompensas. Ao terminar um capítulo, celebre sua evolução. Pode ser um café especial, um momento de lazer ou simplesmente o orgulho de saber que está avançando. O cérebro ama recompensas, e usá-las a seu favor pode ajudar a consolidar o hábito da leitura.

9. Comprometa-se a concluir este livro. Sabe aquele tratamento médico que você seguiu à risca, tomando o medicamento nos horários certos até se curar? Aqui não é diferente. Este livro é uma farmácia, e suas palavras, frases e conceitos funcionam como remédios para sua mente, ajudando você a desenvolver foco e disciplina. Mas, assim como qualquer tratamento, ele só funciona se for seguido corretamente. Por isso, faça um compromisso consigo mesmo. Repita em voz alta: "Vou terminar este livro e aplicar seus ensinamentos em minha vida".

Escreva essa frase em um quadro, em seu diário ou na tela do celular. Veja esse compromisso todos os dias. Toda grande mudança começa com um compromisso sério – e este pode ser o primeiro passo para uma transformação real. E uma última medida radical, mas efetiva: faça as pessoas cobrarem disciplina de você. Dê a seu cônjuge, seu filho ou algum colega de trabalho uma pequena quantia predeterminada, em dinheiro, toda vez que eles o virem procrastinando a leitura deste livro. Transforme esta tarefa em um jogo que o ajude a ser mais disciplinado.

Se você seguir essas nove sugestões, não apenas concluirá este livro, mas verá mudanças reais na sua vida. A procrastinação só perde força quando damos o primeiro passo, e você já deu o seu ao começar esta leitura. Continue firme! Seu cérebro, sua produtividade e seus resultados agradecem.

INTRODUÇÃO

Explicar a mente humana nunca foi uma tarefa fácil. Há séculos, pensadores, cientis-tas e filósofos tentam definir sua verdadeira natureza.

Afinal, o que é a mente? Ela é transcendental, subjetiva, abstrata? Está confinada em algum compartimento do cérebro ou seria uma força externa e coletiva, funcionando como uma gigantesca rede de comunicação sem fio?

Essas perguntas, entre tantas outras, despertaram minha curiosidade e me fizeram mergulhar profundamente nesse tema em busca de respostas que impactam de modo direto nossa capacidade de foco, disciplina e aprendizado.

Já faz vinte anos que estudo a mente humana e, sempre que precisei explicá-la para alguém, nunca o fiz só com palavras. Isso porque tentar definir a mente apenas por meio da linguagem é uma tarefa desafiadora.

Se você, por exemplo, me pedisse para descrever essa fascinante faculdade humana, eu certamente utilizaria palavras, mas também rascunharia um desenho para tornar a explicação mais clara.

O desenho mostraria uma grande lona de circo com as laterais abertas, permitindo-nos observar tudo o que acontece em seu interior. No centro do circo, sob a lona, haveria um enorme picadeiro, onde o espetáculo da vida mental se desdobraria diante de um único espectador, sentado na única cadeira existente.

E esse solitário espectador seria você.

Se eu pudesse descrever as atividades que ocorrem dentro desse circo chamado mente, enfatizaria principalmente as emoções, que seriam os verdadeiros artistas do picadeiro. São elas que capturam a atenção e conduzem o espetáculo.

No entanto, não poderia deixar de mencionar a memória, o raciocínio e os pensamentos – o grupo que trabalha nos bastidores, garantindo que o show no picadeiro mental aconteça. São esses elementos que estruturam e dão suporte à complexidade das nossas experiências internas.

Em algumas ocasiões, esse fabuloso picadeiro apareceria vazio, um momento raro de silêncio e descanso. Mas, na maior parte do tempo, ele estaria tomado por uma intensa movimentação, como se o apresentador, o trapezista, o malabarista, os palhaços, as feras e os dançarinos entrassem todos ao mesmo tempo. Cada um deles estimularia, assustaria, alegraria, confundiria, irritaria e, por fim, cansaria o solitário espectador sentado na única cadeira.

Um circo. Essa é a melhor metáfora para descrever a mente do cidadão contemporâneo. Uma mente agitada, repleta de pensamentos desconexos, desorganizados e viciados. Uma mente em que a ausência de foco se tornou a regra, e o roteiro mental repetitivo apenas consome energia, gerando mais decepções do que conquistas.

É um espetáculo descontrolado, no qual foco, silêncio e criatividade foram expulsos do picadeiro, cedendo lugar à ansiedade, ao medo e à frustração. E isso não está certo. Algo precisa mudar.

Tenho conversado com muitas pessoas e percebo que a humanidade está cada vez mais à beira do precipício mental – ou melhor, sendo arrastada por sua própria mente. Foi essa constatação que me motivou a escrever este livro.

Vejo jovens cheios de energia, inteligentes, inovadores, com potencial para impactar o mundo, mas paralisados quando precisam agir. Homens e mulheres com futuros promissores, mas com ideias que nunca saem do papel, com ideais que não passam de boas intenções.

Estamos diante de uma geração que, a cada dia, perde a capacidade de "pôr a mão na massa". Planejam, traçam projetos, fazem reuniões, tomam decisões estratégicas, mas falham no essencial: executar. Falta-lhes a força moral para transformar intenção em ação, para sair do campo das promessas e entrar no território da realização.

São pessoas com mentes brilhantes, mas desperdiçadas no processamento de eventos triviais e repetitivos como checar notificações a todo instante, ajustar o cabelo no reflexo da tela, conferir se a roupa está combinando. São pessoas ansiosas, que buscam desesperadamente validação em uma curtida ou um comentário sobre uma foto recém-publicada na internet.

Essa desordem interna se manifesta no dia a dia: horas que evaporam sem sentido, rotinas desorganizadas, tarefas sempre atrasadas e projetos incríveis que nunca saem do papel. Ideias promissoras que, em vez de ganharem o mundo, ficam esquecidas na última gaveta de uma escrivaninha. Consegue visualizar essa situação? Consegue sentir o peso desse desperdício de potencial?

Hoje, principalmente nos grandes centros urbanos, é raro encontrar alguém que experimente momentos genuínos de paz mental, em que seja possível concentrar-se plenamente e direcionar a energia para a realização de tarefas de fato importantes.

Os poucos lapsos de consciência e lucidez sobre prioridades que muitas pessoas experimentam geralmente ocorrem no lugar errado, na pior hora possível.

Quem nunca teve uma ideia brilhante, um insight criativo ou se lembrou de algo essencial justamente quando estava no chuveiro, dirigindo ou até mesmo durante o ato sexual? Nessas horas, simplesmente não dá para largar tudo e sair correndo para agir. O resultado? Sentimo-nos sabotados pela própria mente, como se ela nos pregasse peças constantes, trazendo boas ideias em momentos impraticáveis.

Mas a verdade é que essa sabotagem não acontece apenas nesses momentos inconvenientes. No restante do tempo, a mente assume o papel de um verdadeiro inferno psicológico, nos arrastando para um turbilhão de pensamentos desordenados, ansiedades e distrações que nos impedem de executar o que realmente importa.

Talvez você já tenha experimentado aquilo que chamo de inferno psicológico. São aqueles momentos em que a mente produz um volume tão insuportavelmente grande de pensamentos inúteis e desconexos que parece que você vai enlouquecer.

Pensamentos em série, oscilando sem controle: bons e ruins, otimistas e pessimistas, sensuais e egoístas, egocêntricos e solícitos, arrogantes e autodepreciativos, autoritários e inseguros. Alguns carregados de humor, outros tingidos de tristeza; ora surge um pensamento de simpatia, logo em seguida um de apatia, e então vêm aqueles que remoem frustrações, preocupações, medo, culpa...

Nessas horas, a mente se assemelha a uma televisão ligada 24 horas por dia, exibindo uma programação caótica, com canais que mudam sem aviso, misturando todos os gêneros e intensidades possíveis. E, para piorar, quando os pensamentos parecem dar uma trégua, surge uma música irritante, repetindo o mesmo refrão incontáveis vezes, como um eco persistente que gruda na memória e se recusa a desaparecer.

O fato é que aquilo que, à primeira vista, pode parecer loucura, hiperatividade, esquizofrenia ou até dupla personalidade, muitas vezes é simplesmente falta de autocontrole – uma incapacidade total de gerenciar as distrações que dominam a mente ao longo do dia.

E isso só cessa quando, ao final da noite, o corpo exausto finalmente sucumbe ao sono... apenas para, poucas horas depois, ser despertado pelo alarme e iniciar o ciclo de novo.

Todos nós já passamos por isso. Não apenas uma, mas milhares de vezes.

Conheci pessoas que nasceram, viveram e morreram escravas da própria mente ou, pior, consumidas por ela. Confesso que, por muito tempo, também fui prisioneiro dos meus próprios pensamentos. No entanto, com autopoliciamento, conhecimento e técnicas, tenho conseguido, dia após dia, me libertar das armadilhas dos pensamentos desconexos.

Como qualquer ser humano, tenho qualidades e muitos defeitos. Sou solícito em algumas situações, mas também posso ser egoísta em outras. E quem não é? O que mudou foi que, ao longo de meu desenvolvimento, aprendi a gerenciar minhas distrações e a transformar minha mente – de inimiga em aliada.

A disciplina e o autocontrole me ensinaram a observar, entender e interagir com meus próprios processos mentais. Afinal, da mesma forma que a mente pode ser um peso, pode também tornar-se, quando bem compreendida, uma fonte inesgotável de inspiração e o verdadeiro ambiente da paz mental. Hoje, consigo perceber o tempo passando em câmera lenta, e essa é uma das sensações mais incríveis que já experimentei.

Talvez você ainda não tenha percebido, mas todos os dias travamos uma batalha invisível para trazer a mente para nosso lado. Quantas vezes já sentimos que poderíamos ter feito melhor aquele trabalho, ter nos dedicado mais a nossos semelhantes ou ter tomado a decisão certa para não perder uma grande oportunidade? Se a mente é um picadeiro, cabe a nós dirigir o espetáculo. Foi por isso que, durante muito tempo, me dediquei ao estudo da mente, buscando entender seus mecanismos e explorar ao máximo os benefícios desse conhecimento. Agora, compartilho minhas descobertas com você.

Conhecer a própria mente será seu grande trunfo. Se deseja aumentar sua capacidade de foco e brilhar nos palcos da vida, esta é a aventura que proponho com este livro. Não quero ser pretensioso ao afirmar que desvendei a mente humana, essa infinita e enigmática caixa-preta que nos acompanha. Acredito que nenhum homem jamais chegou perto de compreendê-la completamente. Minha intenção é mais modesta, porém não menos ousada e útil. Através das páginas deste livro, quero contribuir para o seu desenvolvimento, ajudá-lo a conhecer e preparar o picadeiro de sua mente. Vou colocar o roteiro em suas mãos e mostrar o caminho para uma atuação com excelência. Apresentarei estratégias eficazes para que você conquiste algo que tenho experimentado todos os dias e que tem se tornado um verdadeiro objeto de desejo na vida moderna: o autocontrole e a paz mental.

Como já disse, muitas vezes me senti escravo de minha própria mente, mas hoje sou eu quem dá as cartas. Aprendi que não adianta reprimir, esconder, neutralizar ou lutar contra pensamentos negativos, fracos ou inapropriados. Em vez disso, adotei uma nova abordagem: entender sua natureza, descobrir suas origens e acolhê-los sem resistência. Ao fazer isso, pude observar, muitas vezes de camarote, a dissolução de suas influências negativas, que, se não fossem contidas a tempo, poderiam ter moldado meu destino de maneira desfavorável. Com essa prática, posso afirmar que hoje vivo em paz com minha mente e meus pensamentos.

Sem falsa modéstia, aprendi a gerenciar com excelência os trapezistas, os cantores e os palhaços e as feras que se apresentam no mesmo picadeiro. O que as pessoas mais próximas chamam de paciência, meus parceiros de trabalho chamam de calma; meus amigos, de sorte; alguns especialistas, de lei da atração; e minha esposa, divertidamente, de sangue de barata. Eu chamo de autocontrole, equilíbrio, paz mental e, acima de tudo, liberdade.

Entrar profundamente em si mesmo e conhecer a própria mente permitirá que você experimente algo que hoje se tornou meu lema e que desejo compartilhar com o maior número de pessoas possível: o cultivo da paz mental. Quando sua mente está a seu favor, e não contra você, tudo muda. Abrem-se caminhos para conquistas que antes pareciam inalcançáveis: relacionamentos mais profundos e autênticos, a realização de objetivos materiais que você sempre desejou e, acima de tudo, uma vida plena, presente, em que cada minuto dessa breve jornada na Terra é vivido com significado e intensidade.

Creio já ter conquistado muitas das coisas que realmente valem a pena na vida de um homem: um ambiente familiar estável, equilibrado e amoroso, uma profissão na qual me sinto realizado e uma situação financeira confortável. Mas, mais do que isso, aprendi a gerenciar as distrações, dirigir o espetáculo de minha mente e canalizar minhas energias para fazer escolhas certas.

Agora, quero convidá-lo a fazer o mesmo. Acredito, sinceramente, que, ao concluir a leitura deste livro, você poderá experimentar um estado de felicidade que talvez não sentisse há muito tempo. Afinal, só você sabe o tamanho da cruz que carrega, certo?

Por isso, escolha um local agradável e isole-se de interrupções. Leia sem pressa, com calma, saboreando cada ideia, refletindo, filtrando, aceitando e incorporando os conceitos apresentados aqui. Permita-se evoluir em cada tema. Minha proposta é que este livro seja o impulso para uma verdadeira revolução na sua vida pessoal, social, profissional e mental.

Além disso, quero ajudar o maior número de pessoas possível. Por isso, ficarei honrado em receber sua mensagem, contando suas impressões e sua experiência com os ensinamentos apresentados aqui. Sinta-se à vontade para me escrever.

Sucesso, luz e paz mental.

CAPÍTULO 1

Mente indisciplinada é mente fraca

Parece mentira, mas aconteceu e poderia ter sido com você

Um passageiro aguarda a chegada do ônibus no ponto, como faz todos os dias. De tempos em tempos, caminha até a beira da calçada para verificar se o veículo se aproxima. A ansiedade é visível. Seus dedos, inquietos, enrolam e desenrolam repetidamente uma nota de cinco reais – o único dinheiro que possui para a passagem.

Após alguns minutos, ele avista o ônibus vindo ao longe. O coração acelera. Quando o veículo finalmente para e a porta se abre, a tensão se dissipa. Sem perceber, em um gesto automático, ele amassa a nota que segurava e a joga na sarjeta antes de entrar no ônibus, que parte em seguida.

Somente ao chegar à catraca vem o choque: havia descartado, sem querer, o único dinheiro que tinha para pagar a passagem. Constrangido, explica sua história ao cobrador, que, observando tudo atentamente, responde com benevolência:

— Eu acredito em você. Vi quando jogou o dinheiro no chão.

***

À noite, em sua residência, uma mulher retira os alimentos da geladeira e monta seu prato para o jantar. Com tudo pronto, caminha até o micro-ondas, abre a porta, fecha-a, programa o timer para dois minutos e aperta o botão de início.

Durante os longos dois minutos que seguem, ela permanece imóvel diante do aparelho, olhando fixamente para o painel digital, a mente distante, absorta em pensamentos. O prato, ainda gelado, continua em suas mãos, esquecido, enquanto ela aguarda sem perceber o próprio equívoco.

***

Sentado no sofá da sala, concentrado e assistindo a seu programa de televisão favorito, o marido pede um favor à esposa:

— Amor, poderia ir até a cozinha e pegar meu remédio e um copo de água, por favor?

A esposa, solícita, levanta-se, vai até a cozinha, enche um copo de água, pega o comprimido, coloca-o na boca, bebe a água e engole... o remédio que o marido deveria tomar.

***

Uma mãe, apressada, dirige rumo à escola para deixar o filho de 10 anos. O trânsito está tumultuado, congestionado, mas ainda flui. Logo à frente, o semáforo muda para o amarelo. Sem hesitar, ela acelera. O sinal fica vermelho, e ela freia bruscamente, mas não se dá por vencida.

Em um gesto automático, pega o controle remoto do portão de casa, aponta-o para o semáforo e pressiona o botão repetidamente, como se pudesse fazê-lo abrir.

O filho, sentado ao lado, arregala os olhos, observa a cena perplexo e, sem entender o que acabou de acontecer, pergunta:

— Mãe, você ficou louca?

***

Todas essas histórias são verdadeiras e aconteceram com pessoas que entrevistei. São situações inusitadas, algumas engraçadas, mas não deveriam surpreender, pois poderiam acontecer com qualquer um – inclusive com você.

São tantos casos de falta de foco e concentração que daria até para produzir um filme de comédia. E o mais impressionante é que episódios como esses se repetem diariamente com milhares de pessoas ao redor do mundo.

O grande problema é que nem sempre esses desfechos são leves ou cômicos. Pelo contrário, quando histórias assim chegam à mídia, geralmente é porque tiveram consequências graves, dramáticas e, em muitos casos, traumáticas.

Você provavelmente já ouviu histórias trágicas de pessoas que esqueceram um bebê dentro do carro sob um sol escaldante, de profissionais que perderam dedos, braços ou pernas devido a distrações no trabalho, ou até mesmo de empresas que foram à ruína por conta de funcionários desatentos e negligentes. O preço das distrações é sempre alto, sendo cobrado em tempo, dinheiro e, muitas vezes, em consequências irreversíveis.

Para que você tenha uma ideia da dimensão desse problema, estima-se que as empresas nos Estados Unidos percam cerca de 650 bilhões de dólares por ano devido à distração de seus funcionários durante o horário de trabalho.[3] Agora, imagine o impacto global se somarmos os dados de todos os países.

E o mais alarmante é que, apesar dos avanços tecnológicos, tudo indica que essa situação tende a piorar. Quanto mais dependemos de dispositivos eletrônicos para lembrar, organizar e decidir por nós, menos exercitamos nosso próprio sistema natural de memória e atenção. E quanto menos estimulamos nosso cérebro, mais preguiçosos, distraídos e esquecidos nos tornamos.

Vivemos na era da alta tecnologia, mas, ironicamente, nunca foi tão comum ver pessoas sofrendo com falta de foco, distração crônica, esquecimentos frequentes e descontrole emocional.

Pensar demais é um problema?

O cérebro humano é um sistema biológico incrivelmente complexo, composto por bilhões de células nervosas chamadas neurônios, que se comunicam por meio de redes intricadas de conexões chamadas sinapses. Ele possui uma memória cuja capacidade de armazenamento ainda não foi completamente compreendida.

Estudos recentes sugerem que o potencial de armazenamento do cérebro pode ser praticamente ilimitado, mas ainda não dispomos de instrumentos ou modelos matemáticos precisos para medi-lo. Neurocientistas e pesquisadores da computação tentam estimar essa capacidade baseando-se nos padrões de conexões neurais, na plasticidade sináptica e na eficiência dos circuitos cerebrais.

[3] WALTOWER, S. Distracted Workers Are Costing You Money. **Business News Daily**, 23 out. 2023. Disponível em: www.businessnewsdaily.com/267-distracted-workforce-costs-businesses-billions.html. Acesso em: 3 maio 2025.

Algumas pesquisas indicam que o cérebro humano poderia armazenar cerca de 2,5 *petabytes*[4] de informações, o equivalente a três milhões de horas de vídeos em alta definição, mas esses números ainda são apenas estimativas aproximadas.[5]

O maior desafio para os cientistas é que ainda não conseguimos responder com precisão a uma pergunta fundamental: onde exatamente as memórias são armazenadas? Sabemos que diversas regiões do cérebro participam desse processo, como o hipocampo, o córtex cerebral e o cerebelo, mas não conseguimos identificar um local específico onde informações como nome, endereço ou preferências pessoais fiquem "gravadas" de maneira definitiva.

Se abríssemos um cérebro, não encontraríamos arquivos organizados como em um computador. As memórias não parecem estar guardadas apenas nos neurônios, nas sinapses ou no DNA. O que sabemos até agora é que a memória não funciona como um disco rígido, mas sim como um processo dinâmico, que envolve redes neurais distribuídas e modificáveis ao longo do tempo.

Por enquanto, esses enigmas permanecem sem respostas definitivas, mas o avanço das neurociências e da inteligência artificial tem aproximado os pesquisadores de novas descobertas que podem revolucionar nosso entendimento sobre a mente e a memória humanas.

A mente é quem dirige a memória e o cérebro. Enquanto o cérebro funciona como um poderoso processador biológico, operando de maneira paralela e distribuída, a mente atua como a inteligência que o coordena, garantindo que múltiplas funções ocorram simultaneamente.

Pense, por exemplo, em um motociclista. A energia mental necessária para conduzir uma moto é imensa e altamente complexa. Com a mão direita, ele controla a partida, o acelerador e o freio dianteiro. Com a mão esquerda, administra a embreagem, as setas, a buzina e o farol. O pé esquerdo comanda a alavanca de um sistema de marchas, no qual a primeira se move para baixo e as demais para cima, enquanto o pé direito controla o freio traseiro.

Ao mesmo tempo, seus olhos escaneiam o trânsito, observam os retrovisores e calculam distâncias e riscos. E, como se não bastasse, sua mente ainda tem capacidade para processar pensamentos paralelos – ele pode estar pilotando, atento ao ambiente e, ao mesmo tempo, cantarolando uma música mentalmente ou refletindo sobre um compromisso futuro.

---

[4] Um petabyte é uma unidade de armazenamento que equivale a 1 milhão de *gigabytes*.

[5] REBER, P. What Is the Memory Capacity of the Human Brain? **Scientific American**, 1 maio 2010. Disponível em: www.scientificamerican.com/article/what-is-the-memory-capacity/. Acesso em: 3 maio 2025.

Pilotar uma motocicleta exige uma sinfonia cognitiva altamente complexa, na qual o cérebro integra em tempo real percepção sensorial, coordenação motora fina, equilíbrio, tomada de decisão, antecipação de riscos e regulação emocional, tudo isso enquanto ajusta a atenção entre múltiplas variáveis dinâmicas do ambiente.

Apesar dessa complexidade, o cérebro ainda dispõe de capacidade de processamento livre para lidar com inúmeras outras informações, tanto de modo consciente quanto inconsciente. Enquanto tomamos decisões e resolvemos problemas de maneira ativa, nosso inconsciente está capturando detalhes do ambiente, consolidando memórias e processando emoções.

Nosso cérebro foi projetado e evoluiu para isso – para pensar, criar e encontrar soluções inovadoras. Essa habilidade não é apenas um mecanismo de sobrevivência, mas um dos grandes privilégios da raça humana.

Contudo, tantas responsabilidades e afazeres exigem de nós inúmeras análises, e muitas vezes nos pegamos pensando sem conseguir partir para a ação. Então surge a dúvida: estamos pensando demais e, por isso, não conseguimos agir, ou perdemos a chance de refletir com calma antes de tomar uma decisão?

Pensar em si não é um problema. Pelo contrário, pessoas que utilizam bem a mente costumam ser admiradas e respeitadas. Você já deve ter ouvido a frase: "Pessoas que falam pouco, pensam muito". Mas o que exatamente o pensamento tem a ver com a perda de foco e concentração?

O pensamento é a ponte pela qual buscamos soluções para os desafios do cotidiano. Não há mal algum em pensar. O problema começa quando a qualidade e, principalmente, a quantidade de pensamentos se tornam um obstáculo. Quando pensamentos negativos, repetitivos e viciosos tomam conta da mente, eles drenam nossa energia e impedem a manifestação do pensamento elevado, criativo e reflexivo.

Talvez você já tenha experimentado a sensação angustiante de uma mente descontrolada, na qual os pensamentos parecem se multiplicar sem trégua. O caos mental se tornou um cenário comum nos dias de hoje. No passado, pessoas calmas eram vistas como mentalmente saudáveis, enquanto a loucura e o descontrole eram tratados. Hoje, os papéis parecem ter se invertido: ser calmo virou quase uma raridade, enquanto a pressa, o destempero e a desordem mental foram normalizados e aceitos como parte da vida.

A contemporaneidade trouxe mudanças profundas e grandes exigências, incluindo a necessidade de pensar rapidamente e tentar gerenciar várias tarefas ao mesmo tempo. Esse comportamento se tornou um requisito quase obrigatório, especialmente para a área dos pensamentos impulsivos, que Freud chamaria de Id.[6] Em outras palavras, passamos grande parte do tempo e de nossa capacidade mental analisando situações triviais: decidir como reagir a um vídeo postado no grupo de amigos, escolher uma playlist para ouvir no trabalho, pensar na roupa para uma festa, buscar experiências sensoriais com jogos, sexo e alimentação ou simplesmente bisbilhotar a vida dos outros nas redes sociais.

O mais preocupante, porém, é que entre 80 e 90% dos pensamentos que a mente produz são inúteis e repetitivos, como constatou Eckhart Tolle no livro *O poder do agora*.[7] E se é verdade que o pensamento influencia o comportamento, então permitir que a mente fique presa a ciclos de pensamentos negativos, repetitivos e inúteis pode levar a desordens emocionais e até a doenças psicossomáticas.

Pensar demais torna-se um problema de saúde mental quando esse excesso de atividade da mente sufoca um dos maiores dons humanos: a capacidade de parar, analisar, refletir e tomar as melhores decisões, tanto para si quanto para os outros.

O objetivo é o autocontrole e a paz mental

Na infância, tive o privilégio de morar por alguns meses no sítio de meus tios, no interior do estado de São Paulo. Morar é muito diferente de visitar ou passar alguns dias em um lugar novo. Viver em um ambiente isolado, conviver com pessoas simples, interagir com os animais e experimentar o

---

[6] FREUD, S. **O ego e o Id e outros trabalhos (1923–1925)**. Volume XIX. Rio de Janeiro: Imago Editora, 1996.

[7] TOLLE, E. **O poder do agora**: um guia para a iluminação espiritual. Rio de Janeiro: Sextante, 2002.

verdadeiro sabor e aroma da natureza é uma imersão que todo ser humano deveria fazer pelo menos uma vez na vida.

A experiência de morar na zona rural e fazer um verdadeiro estágio com a mãe natureza desacelera o ritmo frenético do cérebro, especialmente para quem vive nos grandes centros urbanos. No Japão, existe uma prática chamada banho de floresta, ou *shinrin-yoku*,[8] que consiste em passar tempo na natureza para melhorar o bem-estar. O objetivo é se conectar com o ambiente por meio dos sentidos, absorvendo a atmosfera da floresta.

O *shinrin-yoku*, ou "banho de floresta", reduz os níveis de estresse, regula o cortisol, fortalece o sistema imunológico e melhora o foco, promovendo um estado de relaxamento profundo e conexão com a natureza.

Nos grandes centros urbanos, o volume de estímulos que recebemos ao longo do dia – sons, cores, imagens, informações e sensações – é tão alto que provoca uma fadiga mental constante. No fim do dia, muitas vezes, só temos energia para chegar em casa, tomar um banho e cair na cama. Ou, em alguns casos, lutamos contra o cansaço e ficamos sentados diante da TV, anestesiados, acreditando que esse momento de passividade é um verdadeiro descanso. Se essa rotina lhe parece familiar, saiba que o bombardeio diário de informações cria um parque de diversões para a mente brincar e um campo de exaustão para o cérebro.

---

[8] OS BANHOS de floresta no Japão, 19 abr. 2025. **JHSP Online**. Disponível em: japanhousesp.com.br/jhsponline/os-banhos-de-floresta-no-japao/. Acesso em: 30 jun. 2025.

Já reparou que, ao visitar uma nova cidade, simplesmente caminhando por suas ruas e observando a arquitetura dos prédios, as pessoas, os carros e os hábitos locais, sua mente parece operar em um modo hiperativo? Os olhos captam cada detalhe, como se você fosse um daqueles carros escâner do Google, mapeando tudo à sua volta. Essa absorção intensa de estímulos pode ser tão desgastante que, quando você finalmente chega ao destino, sente um cansaço inesperado. A mente moderna está superestimulada – e é exatamente essa sobrecarga que nos leva a perder o foco e a desperdiçar energia mental sem perceber.

Em situações assim, quando precisava de foco para um compromisso importante, aprendi a concentrar minha energia. Em vez de olhar para tudo ao meu redor e me deixar levar pelo excesso de estímulos, simplesmente fechava os olhos e ativava a memória. Tentava me lembrar da época em que morava no sítio, o que me ajudava a acalmar a mente e fortalecer meu autocontrole. Sei disso porque minha rotina atual contém todos os ingredientes para me destemperar emocionalmente. Passo a maior parte do tempo viajando para grandes centros urbanos, pegando táxis, visitando empresas, conhecendo pessoas, participando de reuniões, ministrando palestras, dando entrevistas. Durmo pouco e logo tenho que me levantar para mais uma viagem. São semanas seguidas nesse ritmo frenético.

E, quando finalmente me encontro na solidão de um hotel, lembro que, a quilômetros dali, minha família – minha esposa e meu filho – também precisa da minha presença. Sim, o ambiente em que vivo é altamente estimulante e exige um nível elevado de controle emocional.

Nos raros momentos em que conseguia fechar as cortinas e interromper o turbilhão de estímulos externos, eu simplesmente olhava para o fundo das minhas pálpebras e me transportava mentalmente para a tranquilidade de uma floresta. Essa visão da natureza me levava a um estado de serenidade. Percebia então nascer dentro de mim uma calma profunda, um fenômeno que passei a chamar de autocontrole.

Não pense que, para experimentar essa sensação de presença e viver momentos de paz, seja necessário mudar de cidade ou se afastar completamente do mundo moderno. Você pode continuar vivendo em um grande centro urbano, manter-se conectado a seus dispositivos eletrônicos, receber mensagens, notificações e telefonemas e ainda assim encontrar equilíbrio.

Mesmo em meio ao caos informacional, é possível acalmar o Id e fortalecer a influência do Eu Superior em sua vida. O Eu Superior, segundo

Freud, é a parte mais elevada da consciência humana, que transcende o ego e os impulsos imediatos. É a fonte de sabedoria, intuição e equilíbrio, guiando decisões com clareza e propósito. Representa a conexão com o verdadeiro potencial interior, promovendo paz, autocontrole e crescimento espiritual.[9] Ao longo dos anos, aprendi a acessar esse estado e, com isso, ampliei minha capacidade de foco, o que naturalmente aumentou meu poder de disciplina e realização. Agora é a sua vez de descobrir esse caminho e vivê-lo plenamente.

Você controla a mente ou é ela quem faz a festa dentro de você?

Em seu livro *Aprendendo a silenciar a mente*,[10] Osho, um dos mais influentes pensadores contemporâneos, compartilha uma de suas mais inspiradoras meditações. Ele afirma que toda criança nasce inteligente, mas a maioria das pessoas morre burra. Essa afirmação pode ter diversas interpretações, mas uma das mais apropriadas é que uma mente sobrecarregada de pensamentos desconexos e dispersos enfraquece drasticamente o poder de realização do ser humano.

Muitas pessoas perderam a capacidade de aproveitar a vida em seus melhores detalhes. Um adulto pode sair de férias, viajar milhares de quilômetros para um lugar paradisíaco, deitar-se em uma espreguiçadeira diante de um cenário dos sonhos e, mesmo assim, carregar consigo uma bagagem mental cheia de problemas, preocupações e frustrações. Sua atenção é sequestrada pelo futuro ou pelos remorsos do passado, impedindo-o de se conectar com o momento presente.

Esse adulto pode estar cercado por beleza, sentir a brisa do mar, ter a água tocando seus pés, mas não percebe nada disso. Em vez de se envolver na magia do lugar, continua preso ao mesmo estado de estresse e irritação que vivia no trabalho. Já uma criança, no mesmo ambiente, funcionaria de maneira completamente diferente. A criança vive o presente de um modo bastante intenso. Ela se entrega à experiência sem se preocupar com o que virá depois. O futuro não importa, e o passado – mesmo aquela bronca

---

[9] FREUD, S. *op cit.*

[10] OSHO. **Aprendendo a silenciar a mente**. Rio de Janeiro: Sextante, 2004.

recebida minutos antes – já foi esquecido. O que importa para ela é o agora. E é exatamente no presente que o Eu Superior se manifesta, que o poder de foco se amplia e que a realidade se revela em detalhes que nem o olhar mais treinado de um fotógrafo conseguiria captar.

Talvez você já tenha ouvido a frase: "Quer melhorar o futuro? Então melhore o presente". Esse é apenas um dos inúmeros insights que este livro traz para você. A melhor maneira de transformar o presente em uma base sólida para o futuro é aprendendo a controlar e acalmar a mente falante. Quando a mente está serena e equilibrada, o foco se torna um recurso natural e acessível. O autocontrole e a paz mental, como já vimos, são estados essenciais para que suas melhores ideias floresçam e para que suas decisões sejam tomadas com clareza e assertividade.

As crianças nascem com um sistema mental ajustado para o presente, uma espécie de "software padrão" que as mantém naturalmente atentas ao aqui e agora. Elas operam no que chamamos de modo mindfulness espontâneo, no qual a felicidade está atrelada à experiência imediata. Basta observar uma criança por alguns minutos, e fica claro para nós que elas dão muito mais risadas do que os adultos, uma distinção que reflete o impacto do estresse e das responsabilidades acumuladas ao longo da vida. Diversos estudos em neurociência demonstram que o riso e o estado de presença impactam diretamente a produção de neurotransmissores como a dopamina, a serotonina e a endorfina, substâncias fundamentais para o bem-estar, a criatividade e a capacidade de manter o foco.

Por isso, resgatar a leveza e a alegria genuína que experimentávamos na infância é uma necessidade para a saúde mental e emocional. Neste livro, você descobrirá caminhos práticos para recuperar esse estado mental, fortalecer sua atenção e desenvolver um foco mais profundo e produtivo.

Você tem todas as condições para desenvolver o foco, o autocontrole e a concentração. Na verdade, sempre teve. Desde o dia em que nasceu, sua mente foi projetada para experimentar, comparar, aprender e evoluir. Você veio ao mundo para viver com plenitude, não para se deixar consumir pela tristeza, preocupação ou estresse constante.

Sua missão, acredite, não é entrar em uma corrida desenfreada por status, acumular bens materiais ou competir incessantemente para alcançar posições sociais mais altas. Sua missão original é algo muito mais essencial: amar e servir ao próximo. No meu livro *Expandidos*,[11] explico em detalhes como esse princípio tem transformado a vida de milhares de pessoas. O verdadeiro caminho para a felicidade está na expansão da consciência, no equilíbrio entre corpo e mente e na capacidade de contribuir para o bem-estar daqueles ao nosso redor. Quando você compreende esse caminho, sua mente se torna mais focada, sua energia se alinha com propósitos maiores e a vida ganha um novo sentido – com mais harmonia, produtividade e paz interior.

Talvez, ao longo da vida, seu "software da felicidade" tenha sido corrompido por desafios, frustrações e padrões de pensamento negativos que se instalaram em sua mente. Mas saiba que essa felicidade não foi apagada – ela ainda está dentro de você, esperando para ser acessada novamente. Vou ajudá-lo a recuperar o controle sobre sua mente, domando seus pensamentos e redirecionando sua energia mental para aquilo que importa de verdade. Porque, no fim das contas, é você quem deve comandar sua mente, e não o contrário. Observe seus pensamentos, compreenda-os e aprenda a dominá-los antes que eles assumam o controle de sua vida. Acredite: eles têm poder para isso. E, se você não tomar as rédeas, esse poder pode ser usado contra você, como veremos no próximo capítulo.

---

[11] ALVES, R. **Expandidos**: um guia para expansão da consciência e despertar para uma vida com equilíbrio, harmonia e produtividade. São Paulo: Gente, 2024.

CAPÍTULO 2

Especialistas em distrações

Paz exterior, guerra interior

Sidney Ferrér é um amigo de longa data. Publicitário talentoso, motivador de equipes e consultor empresarial, é o tipo de pessoa com quem uma simples conversa de duas horas equivale a um ano de aprendizado intenso. Tive o privilégio de passar centenas de horas ao lado desse ser humano extraordinário. Entre suas reflexões marcantes, ele costumava dizer: "As pessoas hoje vivem como se estivessem em um estado de transe, uma anestesia cerebral".

Observando a rotina da maioria das pessoas, especialmente daquelas que vivem em ambientes sociais e profissionais caóticos, é fácil constatar essa realidade. O que Ferrér chamava de "transe" é, na verdade, o resultado de um cérebro cansado e de uma mente sem disciplina. Esse estado aprisiona as pessoas em um ciclo repetitivo e exaustivo, no qual os dias passam sem consciência plena, sem foco e sem propósito.

Acordam apressadas, enfrentam o trânsito, trabalham sob pressão, voltam para casa, tomam banho e dormem. Nos fins de semana, quando poderiam recuperar a energia e se reconectar consigo mesmas, passam horas deitadas no sofá diante da TV, assistindo a qualquer programa irrelevante ou deslizando os dedos na tela do smartphone, curtindo fotos, assistindo a vídeos curtos e trocando mensagens sem muito significado.

São vidas em stand-by, em modo de espera. Estão fisicamente presentes, mas mentalmente ausentes. O cérebro, sobrecarregado por distrações e pela falta de direcionamento, não consegue sair desse círculo vicioso. A mente, sem disciplina, torna-se refém da repetição e da passividade. O resultado? Pessoas exaustas, improdutivas e sem clareza sobre o que realmente querem da vida. Romper esse estado de anestesia mental exige consciência, foco e disciplina.

Conheci uma pessoa que, por alguns anos, fez parte desse grupo dos que vivem no modo automático, prisioneiros de uma rotina exaustiva e sem propósito. Era uma jovem inteligente e estudiosa, que morava com os pais em uma pequena cidade do interior. Desde cedo, tinha um grande sonho: passar em um concurso público e viver em uma cidade litorânea, cercada pela beleza do mar e pela promessa de uma vida mais leve e feliz. Com muita disciplina e perseverança, ela conseguiu alcançar esse objetivo. Foi aprovada no tão desejado concurso e finalmente realizou seu grande sonho. Anos mais tarde, tive a oportunidade de reencontrá-la e, curioso para saber como estava sua nova vida, perguntei se ela estava aproveitando a cidade, curtindo a proximidade com o mar, desfrutando da conquista pela qual tanto lutou. Para minha surpresa, sua resposta foi completamente oposta a que eu esperava.

Sua rotina, segundo ela, se resumia a trabalhar de segunda a sexta-feira e, ao chegar em casa na sexta à noite, vestia um pijama que só tiraria na segunda pela manhã, quando precisava sair para o trabalho novamente. Ela não me contou tudo isso com um sorriso no rosto ou com o entusiasmo de alguém apaixonado pela própria rotina. Pelo contrário, percebi nela uma mulher triste, solitária, como se buscasse algo que nem ela mesma conseguia definir. O que havia acontecido? Seu cérebro havia se adaptado a uma vida de esforço e luta, mas sua mente não estava preparada para desfrutar a conquista. A disciplina que a levara até ali se tornara um fardo, e o foco que a ajudara a vencer se transformara em uma prisão. Como tantas outras pessoas, ela havia se perdido no meio do caminho, confundindo o ato de conquistar com o de viver.

Esse é o dilema de muitas mentes exaustas e sem disciplina emocional: passam anos perseguindo um objetivo, mas, quando finalmente chegam lá, não sabem o que fazer com a liberdade que conquistaram.

As pessoas perderam o foco. Claro, há exceções, mas a maioria, especialmente os mais jovens, já não consegue explicar o sentido da própria vida. Correm de um lado para o outro, buscando algo indefinido, como se estivessem perdendo uma festa em algum lugar que não conseguem encontrar. Para essas pessoas, 24 horas já não são suficientes. Elas não conseguem planejar o futuro porque sequer têm consciência do presente. Perderam o controle e, talvez, sem perceber, você esteja entrando nesse grupo. É fácil identificar quem está à deriva. São aqueles que já não despertam com a suavidade da luz do amanhecer, nem se alegram com o canto dos pássaros ou os sons da natureza. Pelo contrário, têm o sono brutalmente interrompido pelo grito metálico de um despertador. Não há tempo para se espreguiçar, respirar profundamente, meditar ou apenas olhar pela janela e agradecer pelo início de mais um dia.

Essas pessoas também perderam o tempo da conexão com quem mais importa. Já não acariciam os filhos ao acordar, não ensinam com paciência tarefas simples como escovar os dentes, vestir-se ou amarrar os sapatos. Em vez disso, acordam os filhos às pressas, aos berros, exigindo que ajam como adultos e se adaptem ao ritmo frenético que a vida tomou.

No trabalho, não seguem mais um roteiro claro. Começam o dia conectadas a múltiplos dispositivos que as bombardeiam com informações, confundindo movimento com produtividade. O resultado? Uma ansiedade paralisante que faz o dia passar sem que nada de verdadeiramente significativo seja realizado. E, ao final do dia, voltam para casa com o corpo intacto, mas a mente esgotada, sem disposição para estudar, ler, meditar ou simplesmente refletir. Já não conseguem respirar fundo e fazer uma simples oração sem que a mente divague para outras preocupações. Quando se deitam, mesmo de olhos fechados, a cabeça segue funcionando como um motor ininterrupto, revivendo tarefas, problemas, objetivos e metas que precisam ser cumpridos. Esse esgotamento mental não é normal. É o reflexo de uma mente sem disciplina, de um cérebro cansado que opera em um estado constante de sobrecarga, incapaz de encontrar momentos de verdadeira paz e clareza.

Quando perdemos o controle, também perdemos a noção do tempo. Aceleramos nossa rotina, vivemos com a sensação de que o ano está passando mais rápido e, sem perceber, nos deixamos levar por um ciclo exaustivo. Vivemos o hoje como se fôssemos eternos, sem cuidar da saúde e acreditando que nossos esforços são em vão, já que o mundo muda a todo instante e nos sentimos obrigados a acompanhá-lo. O que hoje é inovação, amanhã já é obsoleto, e o sacrifício do dia a dia parece não trazer resultados concretos. A modernidade está nos robotizando.

Na última década, tive o privilégio de viajar para muitos lugares e conversar com pessoas de diferentes realidades. Conheci pessoas da classe média sufocadas por dívidas, lutando para alavancar seus projetos ou tentando, sem sucesso, educar filhos cada vez mais exigentes. Também me reuni com pessoas riquíssimas, cujo um décimo do patrimônio seria suficiente para viver confortavelmente, mas que, em vez disso, estavam presas a um círculo vicioso de trabalho excessivo, intoxicação por antidepressivos e medicamentos para dormir, e uma obsessão por acumular dinheiro que, ironicamente, nunca parecia ser suficiente. Em todas essas conversas, um padrão se repetia: uma guerra silenciosa dentro da mente. No íntimo, todas essas pessoas sentiam que precisavam mudar, mas não sabiam como. Muitas acreditavam que o problema era falta de metas ou de força de vontade. No entanto, o que de fato lhes faltava era força moral – a capacidade de sustentar escolhas e se manter firmes, independentemente dos desafios.

E essa falta de controle mental e emocional não cobra apenas um preço psicológico. Quando vivemos sob estresse constante, nosso corpo responde com uma descarga excessiva de cortisol, o hormônio do estresse. Em níveis saudáveis, o cortisol nos ajuda a reagir rapidamente a desafios e a manter o equilíbrio fisiológico. No entanto, quando ele se mantém elevado por longos períodos, os efeitos são devastadores: compromete a memória, reduz a capacidade de concentração, enfraquece o sistema imunológico e acelera o envelhecimento cerebral. Pessoas com estresse crônico sentem-se mentalmente sobrecarregadas, mais ansiosas e emocionalmente instáveis. Elas não precisam de mais tempo ou mais dinheiro, e sim de autocontrole. É essa habilidade que permite interromper o ciclo de exaustão, fortalecer a mente e recuperar o domínio sobre as próprias escolhas. Sem isso, o estresse se torna o maestro de uma vida desordenada, e a pessoa passa a ser apenas um espectador de sua própria existência.

A distância entre TER e SER

Para muitas pessoas, viver tornou-se sinônimo de consumir. Você acorda com dores nas costas e imediatamente pensa: *Preciso de um colchão novo*. Percebe que a pasta de dente acabou e o shampoo está no fim: *Preciso ir ao supermercado*. No caminho para o trabalho, passa na padaria e compra um café, pede um Uber e, antes de subir para o escritório, para em uma loja no andar térreo para comprar um presente para o amigo secreto. Assim, a maioria das pessoas já começa o dia consumindo, pois vivemos em uma sociedade que cresce e se organiza em torno de um único pilar: o consumo.

Grande parte do tempo e da energia das pessoas é direcionada para alimentar o ter. Acreditamos que são mais valorizados aqueles que possuem a melhor casa, o carro mais luxuoso, as roupas mais caras e um status social que os destaque dos demais. Isso não significa que o capitalismo seja o grande vilão, e sim que falta uma motivação mais profunda que sustente e justifique esse estilo de vida. Ter uma casa confortável, um carro seguro, vestir-se bem e desfrutar de algum conforto são direitos legítimos de qualquer trabalhador.

O problema começa quando passamos a buscar reconhecimento pelo que temos, e não pelo que somos. Quando a felicidade se manifesta apenas pelo elogio que recebemos sobre nossas posses, uma perigosa armadilha está sendo criada.

Diariamente, vemos milionários nas redes sociais mendigando curtidas, comentários e compartilhamentos, buscando aprovação para algo que compraram. O elogio tem um efeito poderoso no cérebro, pois desencadeia a liberação de dopamina, um neurotransmissor associado ao prazer e à recompensa. Além disso, ativa a oxitocina, o "hormônio do amor", que gera uma sensação de bem-estar e fortalece conexões sociais.

Essa combinação química funciona como uma injeção de nitroglicerina no motor do prazer. A partir desse momento, o estado de felicidade se associa ao alvo do elogio – seja uma nova casa, um carro importado ou uma peça de roupa de grife. E é aí que nasce a escravidão.

Sempre que estiver infeliz, essa pessoa buscará repetir a experiência de prazer e reconhecimento social. E, para sentir novamente essa euforia, precisará comprar mais, ostentar mais, impressionar mais. Quando percebe, está endividada. Precisa trabalhar mais. Perde noites de sono. Se necessário, compromete sua saúde e seus valores apenas para continuar recebendo a "deliciosa química do elogio".

O pior é que, nesse processo, muitos acabam revelando comportamentos estranhos, exagerados e exóticos – aspectos de si mesmos que nem imaginavam existir. Afinal, quando o elogio se torna um vício, a necessidade de alimentar esse ciclo torna-se insaciável.

Em meados de 2014, a notícia de que a coleção de sapatos da ex-primeira-dama das Filipinas, Imelda Marcos, estava sendo atacada por cupins correu o mundo.[12] Mas o que realmente chamou a atenção não foi o gosto dos cupins por sapatos de luxo, e sim a quantidade acumulada por Imelda: mais de 3 mil pares. A coleção era tão extensa que, se todos fossem enfileirados, cobririam mais de um quilômetro de distância. Se ela decidisse usar um par diferente a cada dia, levaria aproximadamente oito anos para repetir um modelo.

---

[12] COLEÇÃO de sapatos de Imelda Marcos é danificada por cupins e inundações. **G1 Mundo**. Disponível em: http://g1.globo.com/mundo/noticia/2012/09/colecao-de-sapatos-de-imelda-marcos-e-danificada-por-cupins-e-inundacoes.html. Acesso em: 8 jul. 2025.

Além de Imelda, a consagrada atriz brasileira Susana Vieira declarou, em entrevista, que possuía mais de trezentos pares de sapatos.[13] Apesar de representar apenas 10% da coleção de Imelda, ainda assim é um número impressionante. No entanto, em ambos os casos, esse acúmulo não pode ser necessariamente classificado como um transtorno obsessivo-compulsivo, especialmente se houver uma motivação consciente para isso.

A questão se torna preocupante quando o consumo passa a ser uma válvula de escape emocional, um mecanismo de fuga para compensar frustrações, ansiedades ou carências emocionais.

Conheci uma senhora que revelou ter comprado um carro zero quilômetro, cujas prestações estavam muito acima de sua capacidade financeira. O motivo? O vendedor, ao apresentar o veículo, lhe disse que ela era "muito bonita e merecia um carro como aquele". Viúva há alguns anos, ela não havia se relacionado com mais ninguém desde a perda do marido. Naquele instante, um simples elogio proporcionou-lhe uma experiência emocional agradável suficiente para impulsioná-la a uma decisão de compra que lhe custaria anos de trabalho duro para quitar as parcelas.

No meu livro *Expandidos*,[14] há um alerta importante:

> Você não deve confiar cegamente nos conselhos de alguém que ostenta uma garagem cheia de carros de luxo, uma coleção de relógios importados e um guarda-roupa repleto de roupas de grife, enquanto desfila por mansões, hotéis e restaurantes temáticos ao redor do mundo. A verdade é que essas pessoas podem estar tão ou mais perdidas do que você. Isso ocorre porque construíram uma identidade baseada nos bens materiais que adquiriram; em outras palavras, seu valor é definido pelo que possuem.

Talvez você esteja pensando: "Eu compro as minhas coisas porque quero, e não porque um elogio me influenciou a comprá-las". E isso é ótimo. Espero, de fato, que a maioria de suas decisões de compra seja tomada com base em uma vontade genuína, pois isso demonstra autoconsciência e maturidade emocional.

---

[13] SUSANA Vieira tem mais de 300 pares de sapatos. **Correio da Manhã**, 24 set. 2009. Disponível em: www.cmjornal.pt/vidas/ultimas/detalhe/susana-vieira-tem-mais-de-300-pares-de-sapatos-vidas. Acesso em: 30 jun. 2025.

[14] ALVES, R. *op. cit.*

O problema surge quando a necessidade de adquirir algo nasce do desejo inconsciente de ser reconhecido. Nesse caso, a sensação de felicidade gerada pela compra torna-se passageira e ilusória – como um desejo incontrolável por açúcar ou uma barra de chocolate, que pode facilmente se transformar em um vício. Quando o consumo deixa de ser uma escolha racional e passa a ser um reflexo de impulsos emocionais, um alerta deve ser aceso. A verdadeira satisfação não vem daquilo que possuímos, e sim do que somos. O foco deve estar no desenvolvimento do ser, e não na obsessão pelo ter.

Por isso, mais do que nunca, é fundamental cultivar autocontrole e autoconhecimento – eles são os melhores aliados para vencer essa batalha interna e conquistar uma vida com mais equilíbrio, propósito e plenitude.

Nos países orientais, onde algumas doutrinas religiosas ensinam o autocontrole por meio do autoconhecimento, as pessoas têm mais oportunidades para compreender a origem de seus conflitos internos e buscar a cura de suas próprias feridas. Nessas sociedades, o foco está no desenvolvimento do SER, e não apenas na acumulação do TER.

Valores como bondade, honestidade, altruísmo, humildade, paciência e disciplina são amplamente reconhecidos e cultivados por aqueles que aprenderam a se desapegar do materialismo e priorizaram o crescimento interior. Essas pessoas direcionam sua energia para o exercício da empatia, para o contato profundo com a natureza, para o despertar da chama interna e para a conexão com Deus. Quando você aprende a concentrar sua energia e a nutrir o ser, abre espaço para a paz mental – e é essa paz que permite um contato genuíno com o melhor de si mesmo.

Você, sua mente e sua memória

Autocontrole é a chave para o foco e a disciplina. Disciplina é a chave para o poder de realização. E o poder de realização é a chave para seu sucesso.

Quando você desenvolve o autocontrole, abre portas para relacionamentos mais saudáveis e harmoniosos em todas as esferas da vida – acadêmica, profissional e social. Em contrapartida, o descontrole emocional gera relações difíceis, casamentos desgastados e ambientes de trabalho dominados por rivalidades e competição desleal.

Muitas vezes, agimos impulsivamente e nos arrependemos logo depois. Quem nunca respondeu de modo ríspido a uma pergunta dos pais ou do cônjuge, chamou a atenção de um colega ou funcionário de maneira grosseira ou, em momentos extremos, reagiu agressivamente a alguém que o contrariou? Essas reações automáticas são comandadas pela amígdala, a região mais primitiva do cérebro e o epicentro de nossas respostas emocionais.[15] Quando permitimos que essa área assuma o controle, é como soltar um tigre no picadeiro de um circo – o resultado pode ser tanto cômico quanto trágico.[16]

A amígdala é a região do cérebro responsável por processar emoções e respostas automáticas, especialmente as ligadas ao medo, à raiva e à sobrevivência.

Um exemplo clássico da importância do autocontrole ocorreu durante o funeral de Nelson Mandela, em 5 de dezembro de 2013. Líderes de todo o mundo viajaram à África do Sul para prestar suas homenagens, entre eles o então presidente dos Estados Unidos, Barack Obama, acompanhado de sua esposa, Michelle. Durante a cerimônia, Obama trocou sorrisos e tirou selfies descontraídas com a primeira-ministra da Dinamarca, Helle Thorning-Schmidt. O

[15] FISCHBORN, G. Quando a emoção fala mais alto: saiba como funciona a amígdala cerebral. **Correio Braziliense**, 3 abr. 2022. Disponível em: www.correiobraziliense.com.br/revista-do-correio/2022/04/4996767-quando-a-emocao-fala-mais-alto-saiba-como-funciona-a-amigdala-cerebral.html. Acesso em: 3 maio 2025.

[16] A menção a animais de circo, neste parágrafo, é metafórica. Essa prática é um tema de intenso debate ético, com preocupações reais acerca de maus-tratos e estresse, levando a proibições e restrições em muitas regiões em favor do bem-estar desses seres (N.E.).

olhar de Michelle Obama, registrado em diversas fotografias e amplamente divulgado pela imprensa, deixou claro seu incômodo com a situação.[17] No entanto, sua postura foi impecável. Mesmo visivelmente contrariada, ela soube conter qualquer reação que pudesse gerar um conflito ou criar um escândalo público. Esse autocontrole, muitas vezes, é o que impede situações cotidianas de se tornarem grandes crises.

No contexto dos relacionamentos, um exemplo recorrente são mulheres que reclamam da falta de atenção de seus companheiros:

— Meu marido é muito desligado.
— Ele nunca escuta o que eu digo.
— Meu parceiro nunca presta atenção em mim.

O que se observa, na maioria dos casos, não são homens distraídos, mas extremamente focados – no futebol, no carro, na conversa com os amigos, no celular... ou seja, em tudo, menos na parceira. O problema não é a falta de atenção, e sim para onde essa atenção está sendo direcionada.

O mesmo acontece no ambiente escolar. Imagine que a professora chame os pais de um aluno para uma conversa e diga que ele não presta atenção na aula, está sempre avoado e passa o tempo todo desenhando. Ela até elogia o talento do garoto, mas sugere que ele pode estar sofrendo de déficit de atenção e recomenda levá-lo a um especialista.

Antes de considerar medicamentos ou tratamentos com psicólogos e fonoaudiólogos, uma pergunta deve ser feita: será que a dificuldade de atenção do aluno realmente se deve a um transtorno ou pode ser consequência da falta de envolvimento e dinamismo na sala de aula?

A sala de aula é um espaço de interação, onde o aluno assume um papel inicialmente passivo, e o professor deve exercer o papel de líder. Quando um aluno se senta na cadeira, ele envia, mesmo que inconscientemente, a seguinte mensagem: "Estou aqui, professor. Vim de casa até aqui. Envolva-me, cative-me, leve-me pelo caminho do conhecimento, expanda meus horizontes, amplie minha inteligência, motive-me a prestar atenção em você".

Se o professor não tem a habilidade de capturar e manter a atenção da turma, é natural que os alunos busquem algo mais estimulante em que se

---

[17] SEQUÊNCIA de fotos sugere cena de ciúme de Michelle com Obama. **Bol**. Disponível em: www.bol.uol.com.br/fotos/2013/12/10/sequencia-de-fotos-sugere-cena-de-ciume-de-michelle-com-obama.htm. Acesso em: 8 jul. 2025.

concentrar. O ser humano sempre está focado em alguma coisa. O desafio é aprender a direcionar a atenção para o que realmente importa.

A atenção é uma função básica do cérebro humano. Qualquer pessoa mentalmente saudável tem um estado de atenção funcional. O verdadeiro problema é a incapacidade de gerenciar as interrupções, os estímulos ao redor e controlar os impulsos que desviam o foco do essencial.

Autocontrole, disciplina e uma mente treinada são os verdadeiros aliados para assumir o comando da própria vida e conquistar realizações significativas.

Já parou para pensar que talvez seu problema não seja falta de concentração, mas excesso de interrupções? Somos bombardeados ininterruptamente por estímulos vindos de todos os lados e de todos os dispositivos. Nosso sistema de atenção precisa filtrar e selecionar o que realmente merece foco, e essa escolha ocorre com base em nossas regras de conduta, crenças e valores.

Por exemplo, se você estaciona o carro em uma rua deserta e escura à noite, sua atenção estará completamente voltada para o ambiente ao redor. Você provavelmente verificará a vizinhança, conferirá as portas do carro repetidamente para garantir que estejam trancadas e permanecerá em estado de alerta. Nesse momento, talvez a pessoa que está com você diga algo importante sobre o evento para o qual estão indo, mas, como sua atenção estava ocupada com a segurança, dificilmente conseguirá se lembrar do que foi dito. Esse pequeno detalhe pode gerar falhas de comunicação e até problemas maiores.

Por isso, a capacidade de se manter presente no momento é essencial. O autocontrole é a chave para o foco, a disciplina e o acesso a um mundo mental mais equilibrado, onde as pessoas são mais calmas, resilientes, emocionalmente inteligentes e capazes de gerenciar melhor seus pensamentos. É também o segredo por trás da capacidade de resistir a tentações e vícios, permitindo que pessoas aparentemente comuns desenvolvam um potencial de realização extraordinário.

Quando apresento o conceito de autocontrole a meus alunos pela primeira vez, muitos imediatamente associam ao método clássico de respirar fundo e contar até dez. Embora essa técnica tenha sua eficácia comprovada – especialmente no controle do "tigre feroz" que todos carregamos dentro de nós mesmos –, minha proposta neste livro é levar essa compreensão a um nível mais profundo.

Proponho uma revisão completa dos hábitos diários para identificar as verdadeiras causas da distração e minimizar sua influência sobre nossa capacidade de manter o foco. Afinal, o que você precisa aprender a controlar vai além dos impulsos espontâneos e das reações automáticas da amígdala. Você precisará entender a dinâmica de três entidades que habitam um mesmo corpo e dividem o mesmo palco: você, sua mente e sua memória.

Talvez você se lembre dos clássicos desenhos animados do Mickey Mouse ou do Pica-Pau. Uma cena bastante comum nesses episódios acontecia quando o personagem principal precisava tomar uma decisão difícil. De repente, surgiam em seus ombros duas miniaturas de si mesmo: uma vestida de branco, com asas e uma auréola, representando o anjo, e outra de vermelho, com um tridente e um rabo pontudo, simbolizando o diabo.

Sempre que, por exemplo, o Pica-Pau se via diante da tentação de roubar uma torta de maçã que fora esquecida esfriando na janela, essas duas figuras entravam em ação, sussurrando conselhos conflitantes em seus ouvidos. O anjo argumentava sobre os valores e consequências éticas, enquanto o diabo incentivava a busca pelo prazer imediato. Muitas vezes, os dois chegavam a brigar entre si, protagonizando um verdadeiro vale-tudo mental, que só deixava o personagem ainda mais confuso. No final, quase sempre por uma questão moral e pedagógica, o anjo vencia a disputa.

Se você se observar atentamente, perceberá que essa cena acontece dentro de você todos os dias. Em seu próprio picadeiro mental, três personagens entram em cena: o protagonista, que é você; o diabo, que representa sua mente impulsiva e às vezes confusa; e o anjo, que simboliza sua memória e a capacidade de aprender com o passado. A cada decisão que precisa tomar, esses personagens assumem os próprios papéis. Você sente a necessidade de agir, mas sua mente, como um diabo sagaz, sugere as opções mais fáceis, impulsivas e imediatas. Ao mesmo tempo, sua memória, o anjo, recorda experiências passadas, trazendo reflexões sobre erros e acertos que podem influenciar sua escolha.

Vamos lembrar do caso de Michelle Obama durante o funeral de Nelson Mandela. Talvez, naquele momento, o "diabo" sussurrasse em seu ouvido para que ela expressasse sua insatisfação ali mesmo, em público. Mas, por outro lado, o "anjo" pode tê-la lembrado do protocolo que ela estudou quando Barack Obama assumiu a presidência, reforçando a importância da postura e da imagem do homem mais poderoso do mundo. No final, o Eu Superior de Michelle prevaleceu, exercendo um alto nível de autocontrole.

Embora sua fisionomia deixasse claro o incômodo, ela manteve a compostura, agindo de maneira exemplar diante da situação.

Agora, considere o outro exemplo: a reunião escolar em que um professor sugere que seu filho pode sofrer do Transtorno do Défict de Atenção e Hiperatividade (TDAH). O impulso natural da mente pode ser considerar e aceitar os sinais sem questionar e buscar imediatamente um especialista. Mas, ao ouvir sua memória, você pode lembrar de situações semelhantes e se perguntar: será mesmo que a dificuldade está apenas na criança? Será que a responsabilidade não é compartilhada entre o aluno, a escola e os adultos que o educam? Questionar a qualidade do ensino e a capacidade do professor de manter a atenção da turma pode ser um ato de lucidez.

Em ambos os casos, o Eu Superior – o protagonista da história – conseguiu sobrepor-se à mente impulsiva e à memória automática, tomando a decisão mais consciente e equilibrada para aquele momento. O grande problema surge quando não temos consciência desse potencial de controle. Quando não aprendemos a gerenciar os impulsos da mente nem a escapar das amarras da memória, ficamos presos em um ciclo de encrencas e limitações. Passamos a buscar soluções para dilemas e, sem perceber, acabamos criando ainda mais problemas, nos distraindo do que realmente importa. E é nesse ponto que corremos o risco de cair na armadilha dos especialistas em distrações, que veremos a seguir.

O momento "Candy Crush"

Sabe aquele dia em que você chega ao trabalho com a missão urgente de enviar um orçamento para um cliente, mas, ao abrir a caixa de e-mails, se depara com a propaganda daquela liquidação tão aguardada? Diante da tentação, em vez de começar imediatamente o orçamento, você decide dar uma rápida espiada nas ofertas. Pouco depois, o telefone toca. É um colega de trabalho avisando que está preso em uma blitz policial porque a documentação do carro da empresa está vencida. Você interrompe o que estava fazendo e vai ajudá-lo. Ao chegar ao local, descobre que, além de resolver a situação, precisará assumir as entregas programadas para aquela manhã. Durante as entregas, um dos clientes, feliz com sua visita inesperada, insiste para que você tome um cappuccino preparado pela secretária dele – "o melhor da cidade". Ele gosta de contar histórias, e você, por educação, escuta enquanto o tempo escorre por seus dedos. Quando finalmente sai dali, pega um congestionamento inesperado e chega à empresa já perto do horário do almoço. O tempo de retornar ao escritório mal lhe permite respirar antes que você tenha que seguir para um almoço de negócios com outro cliente. No meio do encontro, recebe uma ligação do contador dizendo que precisa conversar com urgência sobre um depósito inesperado em sua conta. Isso o leva diretamente ao escritório de contabilidade. Quase no final da tarde, quando finalmente volta à empresa, outras demandas surgem e você se envolve em atividades triviais. O expediente termina, e a produtividade do dia é quase nula. O orçamento, que deveria ter sido enviado pela manhã, foi adiado – talvez para amanhã, talvez para depois. À noite, exausto, você chega em casa, se deita no sofá e pega o celular. Afinal, é hora de relaxar. Você abre um aplicativo e, sem perceber, se entrega a um joguinho viciante.

Esse cenário lhe parece familiar?

Em abril de 2012, a empresa King Digital Entertainment Plc. lançou um simpático jogo de combinar doces chamado Candy Crush.[18] Inicialmente desenvolvido para o Facebook, o jogo tinha apenas dois episódios e dez níveis. A trilha sonora gótica e a locução grave criavam um ambiente envolvente, capaz de sequestrar a atenção dos jogadores. Em poucos meses, Candy Crush se tornou um fenômeno mundial. O conceito simples – alinhar doces coloridos em uma interface visualmente agradável – fazia as pessoas pararem de pensar, nem que fosse por um instante, nos problemas do dia a dia.

Baixei o jogo em meu celular por mera curiosidade. Em minhas viagens, via pessoas jogando em todos os lugares: nos aeroportos, dentro dos aviões, durante as aulas, nas salas de cinema, nas filas de banco. Crianças, jovens, adultos, executivos engravatados – todos, sem distinção, tinham um momento reservado para o Candy Crush.

Como um vírus, o jogo se espalhou pelo mundo, sequestrando a atenção de milhões de pessoas. Dois anos após o lançamento, já era um verdadeiro hipnotizador de mentes, fazendo com que milhões de usuários gastassem horas tentando combinar doces em seus infinitos níveis e desafios. Candy Crush, assim como muitos outros jogos, tornou-se um ponto de fuga para quem precisa aliviar a pressão do dia a dia. Ele funciona como um analgésico mental que, por alguns minutos, corta a ansiedade, faz esquecer a depressão e neutraliza a raiva. Mas, como todo analgésico, seu

---

[18] PSICOLOGIA explica por que Candy Crush é tão viciante. **Exame**. Disponível em: https://exame.com/tecnologia/psicologia-explica-por-que-candy-crush-e-tao-viciante/. Acesso em: 8 jul. 2025.

efeito é passageiro. Assim que o aplicativo é fechado, todos os problemas retornam ao picadeiro da mente.

Não existe ser humano que não enfrente problemas que o deixem ansioso, inseguro, frustrado ou propenso à procrastinação. Da mesma forma, não há quem não busque, de alguma maneira, um refúgio temporário, um ponto de fuga que ofereça um alívio momentâneo. Esse respiro pode vir de um jogo envolvente, de uma maratona de séries, de uma música nos fones de ouvido ou de uma noite em um bar com amigos.

O problema é que, hoje, tornou-se fácil demais fugir das dificuldades. Há incontáveis formas de distração acessíveis com um simples toque na tela. Jogar, assistir TV, navegar nas redes sociais, pedir comida por aplicativo, consumir... tudo isso gera um alívio imediato e cria uma espécie de névoa mental que faz o problema parecer menos urgente. Mas ele continua ali, à espreita, aguardando o momento certo para reaparecer.

Agora, pare por um instante e reflita: como você foge de seus problemas?

Em 1619, as pessoas também tinham desafios, mas não tinham tantas opções de entretenimento para fugir deles. O tempo livre era um convite para a reflexão, para o pensamento estruturado, para a busca de soluções. René Descartes, por exemplo, filósofo, físico e matemático francês, foi convocado para a guerra e enviado ao campo de batalha.[19] Em meio ao caos, seu refúgio não era um jogo ou uma distração qualquer, mas o próprio pensamento lúcido e estruturado. Ele usava a mente para analisar a condição humana e compreender a si mesmo.

Na noite de 11 de novembro de 1619, após um intenso período de reflexão, Descartes teve um sonho que o levou a formular um método quase matemático para organizar o pensamento. Na manhã seguinte, em uma trincheira monótona do campo de batalha, ele começou a escrever o *Discurso do Método*,[20] um dos livros mais influentes da filosofia. E vale destacar: nessa época, Descartes tinha apenas 23 anos.

---

[19] RENÉ Descartes. **Brasil Escola**. Disponível em: https://brasilescola.uol.com.br/biografia/rene-descartes.htm. Acesso em: 8 jul. 2025.

[20] DESCARTES, R. **Discurso do Método**. Rio Grande do Sul: L&PM, 2005.

Agora, compare esse cenário com a realidade de muitas pessoas hoje. Quando a vida se torna uma sucessão interminável de apagar incêndios – pagar contas, cumprir prazos, trabalhar exaustivamente sem tempo para refletir –, o sentido da existência se perde. O sistema atencional fica saturado, incapaz de selecionar o que realmente importa. O cérebro alterna entre momentos de lucidez e uma avalanche de distrações, reforçando padrões perigosos. O mais comum deles? Fugir sempre que um problema se apresenta, em vez de enfrentá-lo com foco e clareza. Veja este exemplo:

É manhã. Você se senta diante do computador decidido: hoje, finalmente, vai escrever seu Trabalho de Conclusão de Curso (TCC). Faz seis meses que concluiu a pós-graduação, e o único obstáculo entre você e o diploma é esse trabalho inacabado. O diploma é fundamental para sua promoção no emprego, então você precisa terminá-lo.

Liga o computador, abre o editor de texto e encara a tela em branco. Respira fundo e digita as primeiras palavras: "Trabalho de Conclusão de Curso".

Os dedos mexem nervosamente sobre o teclado, as pernas balançam como se quisessem levá-lo para longe dali. Você morde o lábio inferior, tamborila os dedos na mesa e sua mente já começa a buscar formas de escapar. De repente, repara na caixa de e-mails: catorze mensagens não lidas. Pensa consigo mesmo: *Vou ver essas mensagens primeiro, depois começo a escrever*.

Após ver os e-mails, retorna ao TCC. Olha para a tela, pega uma caneta e começa a rabiscar algo sem sentido. O cérebro se recusa a cooperar. Você verifica as horas no celular e, sem perceber, abre um aplicativo e joga por alguns minutos. Logo vem outra distração: uma notificação, um lembrete, um pensamento aleatório. O dia passa, e ao final da tarde você está no mesmo lugar – frustrado, abatido e sem ter escrito praticamente nada.

Esse ciclo se repete para inúmeras pessoas. A mente sabe o que precisa ser feito, mas o corpo busca refúgio em qualquer distração disponível.

Eu mesmo já vivi essa angústia. Houve momentos em que desejei estar em um ambiente completamente isolado, como uma cela de segurança máxima, onde não houvesse nenhuma possibilidade de fuga. Um quarto branco, uma porta blindada, uma pequena janela no alto, impedindo qualquer distração externa.

Talvez você também tenha uma meta que vive adiando. Pode ser iniciar um regime alimentar, parar de fumar, estudar para um concurso ou aprender um novo idioma. Mas sem foco, disciplina e dedicação, os bons projetos não decolam.

O grande dilema, então, é: fugir ou enfrentar os problemas?

O autocontrole, o foco e a disciplina permitem tomar essa decisão. Fugir apenas prolonga o sofrimento e reforça o problema, enquanto enfrentá-lo pode trazer soluções mais rápidas e menos dolorosas.

Pense em quantas crises poderiam ser evitadas com um simples pedido de desculpas. Quantas famílias poderiam permanecer unidas se houvesse mais diálogo? Quantos projetos poderiam evoluir com um pouco mais de humildade e persistência? O autocontrole fortalece a empatia, e ela, por sua vez, nos ajuda a tomar decisões mais lúcidas e acertadas. Quando você corta o mal pela raiz, impede que o sofrimento se multiplique. Com menos sofrimento, o foco se volta naturalmente para o que é essencial. E quando seu foco está no que realmente importa, seu poder de realização cresce exponencialmente.

Nos próximos capítulos, vamos investigar a origem das distrações. Você descobrirá como, sem perceber, sua mente molda sua realidade e o coloca repetidamente em situações que drenam seu tempo e energia. E, mais importante, aprenderá como escapar das armadilhas da distração para finalmente assumir o controle da própria vida.

CAPÍTULO 3

Onde começam as distrações

Como criamos nossas distrações

Ricardo dos Santos Leite, conhecido mundialmente como Kaká, mora em São Paulo e tem uma vida que, para muitos, é sinônimo de sucesso absoluto. Sua condição financeira lhe permite frequentar os melhores hotéis, jantar nos restaurantes mais sofisticados e dirigir carros de luxo das marcas mais desejadas. Suas roupas são de grifes renomadas, e os convites para eventos exclusivos nunca faltam.

No entanto, quando perguntado sobre o que realmente considera um luxo, Kaká costuma responder, sem hesitar: "Luxo, para mim, é estar em paz".

Essa resposta simples, mas poderosa, revela o que muitos ainda não perceberam: distração não é só aquilo que tira nossa atenção como barulho, telas ou compromissos desnecessários. Distração, muitas vezes, é a armadilha do excesso – de consumo, de compromissos, de vaidade, de comparações e até de conquistas vazias.

Kaká é um exemplo vivo de autocontrole. Disciplinado, focado e perseverante, ele conquistou, muito jovem, praticamente tudo com que um jogador de futebol poderia sonhar. Ganhou títulos importantes, acumulou riqueza e fama global, sem se perder no deslumbramento que derruba tantos outros ao longo do caminho.

Enquanto o "normal" para quem chega ao topo costuma ser ceder ao ego, ao luxo desenfreado e ao prazer imediato, ele escolheu trilhar um caminho diferente: manteve a humildade, a ética e a integridade como prioridades. Construiu uma família sólida e optou por viver pautado em valores cristãos, sem permitir que as distrações do sucesso o afastassem daquilo que realmente importa.

Kaká nos mostra, na prática, que o verdadeiro luxo não está naquilo que você acumula, mas na paz que sente ao deitar a cabeça no travesseiro, sabendo que permanece fiel a si mesmo.

E talvez aqui esteja um grande ensinamento sobre distrações: muitas delas surgem disfarçadas de oportunidades, status e conquistas, mas, se não estivermos atentos, podem nos afastar justamente daquilo que nos mantém em equilíbrio. O foco, a disciplina e o autocontrole são o que blindam a mente contra essas distrações silenciosas – e garantem que, mesmo em meio ao caos, você continue em paz.

Em outro canto do Brasil, encontramos a história de Eduardo. Corretor de seguros em uma empresa renomada, é um homem comunicativo, ambicioso e bem-sucedido no ramo em que atua. Vive em uma grande cidade e segue uma rotina previsível, moldada ao longo dos anos, repetindo diariamente os mesmos passos que milhões de pessoas realizam pelo mundo afora: acorda no mesmo horário, toma banho, veste-se, calça os sapatos, coloca o relógio, toma café e segue para o trabalho.

Seu dia é preenchido com a prospecção de novos clientes e a manutenção dos contratos já firmados. É um profissional dedicado, que aprendeu a equilibrar as demandas do trabalho com a busca por uma vida estável. Eduardo não é um homem rico, mas se considera um homem realizado. Com esforço e disciplina, conquistou o suficiente para viver com tranquilidade: comprou uma boa casa, um carro confortável e ainda conseguiu guardar dinheiro para o futuro.

Ele tem tudo de que precisa. E, assim como Kaká, costuma afirmar que o maior luxo que possui é viver em paz.

A paz de Eduardo não veio por acaso. Foi construída com escolhas conscientes e hábitos disciplinados, que o mantêm protegido das armadilhas das distrações diárias. Enquanto muitos se perdem em excessos, Eduardo encontrou segurança na simplicidade e no equilíbrio. Até que, em um dia comum, algo inesperado acontece e muda completamente sua rotina.

Certo dia, o relógio de trabalho que Eduardo carregava no pulso parou de funcionar. Como dependia dele para cumprir suas tarefas diárias, não pensou duas vezes: levou-o imediatamente para o conserto. Enquanto aguardava na relojoaria, foi abordado por uma simpática vendedora que, percebendo a oportunidade, apresentou-lhe uma seleção de novos modelos. Eduardo gostou da proposta, escolheu um novo relógio, pagou pelo conserto do antigo e voltou para casa satisfeito.

Na manhã seguinte, acordou cedo, tomou banho, vestiu-se, calçou os sapatos e, ao abrir a caixa onde havia guardado os relógios, percebeu, com um discreto brilho nos olhos: agora tinha dois relógios.

O detalhe que passa despercebido nessa cena é que, ao ganhar uma nova opção, Eduardo ganhou também um novo problema. Porque, a partir daquele momento, todos os dias, antes mesmo de sair de casa, precisaria decidir qual relógio usar.

E aqui revelamos um ponto crucial do funcionamento da mente: o poder – e o peso – das escolhas. Muitas vezes, enquanto estamos imersos no entusiasmo de conquistar algo novo, não percebemos que, ao ampliarmos nossas opções, ampliamos também as exigências cognitivas que recaem sobre nós. E, no fundo, distração nada mais é do que o acúmulo de decisões pequenas que, somadas ao longo do dia, fragmentam nossa energia mental. Por trás desse simples dilema dos relógios, está um mecanismo poderoso: a capacidade de decidir.

Durante décadas, cientistas se dedicaram a entender o que define a inteligência. Hoje, já não se fala em uma única inteligência, mas em múltiplas formas – emocional, lógica, musical, cinestésica, espiritual, social. No entanto, todas essas vertentes têm algo em comum: são expressões de nossa habilidade de fazer escolhas. Em outras palavras, inteligência é a capacidade de tomar as melhores decisões, no melhor tempo, com o menor desgaste possível.

Na tradição cristã, essa habilidade é chamada de livre-arbítrio. Segundo o livro de Gênesis, foi a partir dessa liberdade que o ser humano recebeu o dom – e o desafio – de decidir seu próprio caminho, ainda que nem sempre faça as melhores escolhas. Basta lembrar da célebre cena do paraíso, com Adão, Eva e a serpente.

A verdade é que passamos o dia inteiro decidindo. Escolhas simples, como montar o prato em um restaurante. Escolhas automáticas, como frear o carro diante de um sinal vermelho. Escolhas complexas, como aceitar ou não uma nova proposta de trabalho. Mesmo sem perceber, somos gestores de uma agenda mental recheada de decisões, e quanto maior o volume delas, maior a sobrecarga para o cérebro.

Voltando ao caso de Eduardo: ele resolveu facilmente qual relógio usaria naquele dia. Mas, dali em diante, sem perceber, passou a carregar no cotidiano um problema recorrente. E, como já vimos, onde há um problema, há também uma distração.

Quando somamos dezenas de pequenas escolhas que nos levam a distrações como essa, acumuladas em meio às responsabilidades maiores da vida, o resultado é um cérebro cansado, sobrecarregado e uma mente fragmentada, sem espaço para o que realmente importa.

No trabalho, exibindo orgulhoso sua nova aquisição no pulso, Eduardo experimentou uma sensação que há muito tempo não sentia. Seus colegas e clientes o cercaram com uma das armas mais poderosas da influência humana: a aprovação social.

Entre os mecanismos mais eficientes de persuasão, o princípio da aprovação social ocupa posição de destaque. Segundo esse princípio, tendemos a decidir o que é correto, adequado ou desejável observando o comportamento e as opiniões daqueles que nos cercam. Quando vemos outros aprovando ou seguindo determinada conduta, inconscientemente passamos a acreditar que essa é a escolha certa a se fazer. Foi exatamente isso que aconteceu com Eduardo. Cercado de elogios sinceros – e alguns até eufóricos –, ele se viu envolvido pela atmosfera de aprovação que agora validava sua compra.

E é justamente em momentos assim que a vida costuma nos pregar peças. Por mais inseridos que estejamos em ambientes sociais ou profissionais, há dias em que nos sentimos invisíveis, solitários ou carentes. Nessas horas, nossa sensibilidade aflora e qualquer gesto de gentileza, de atenção, uma palavra amiga ou um simples elogio tem o poder de preencher vazios silenciosos. E não é só psicológico: a neurociência explica que esses gestos disparam uma descarga de dopamina no cérebro, neurotransmissor responsável pela sensação de prazer e recompensa.[21] Por alguns instantes, sentimos bem-estar, pertencimento e até felicidade.

O problema é quando começamos a associar esse prazer ao ato de consumir. E, sem perceber, damos início a um ciclo perigoso, no qual as pequenas doses de aprovação social vão nos escravizando, e acabamos reféns da necessidade de ser elogiados.

Algumas semanas depois, Eduardo estava de volta à mesma relojoaria, adquirindo mais um modelo para sua coleção recém-iniciada. No dia seguinte, já seriam três opções para escolher ao acordar. Embora não percebesse conscientemente, a escolha do relógio já não era apenas sobre as

---

[21] OS HORMÔNIOS da felicidade: como desencadear efeitos da endorfina, oxitocina, dopamina e serotonina. **BBC News**, 2 abr. 2017. Disponível em: www.bbc.com/portuguese/geral-39299792. Acesso em: 5 maio 2025.

horas, mas sobre reviver a experiência dos elogios e da sensação agradável de ser notado e admirado.

À primeira vista, pode parecer algo simplório. Porém, é assim, nos detalhes do cotidiano, que distraímos nossa mente e desviamos nossa energia daquilo que realmente importa.

Se você pudesse, por um momento, observar seus próprios pensamentos como quem assiste a um documentário, provavelmente perceberia uma avalanche de ideias desconexas, pulando de um tema a outro sem trégua. E se tivesse a chance de classificar esses pensamentos, notaria que muitos deles giram em torno de decisões pequenas, quase sempre automáticas. E, ao investigar mais a fundo as origens dessas decisões, veria que há de tudo: desde escolhas complexas e necessárias – como demitir um colaborador – até decisões triviais e repetitivas, como qual relógio usar, qual perfume aplicar, quais sapatos calçar.

É nesse acúmulo de escolhas irrelevantes que nos tornamos especialistas em distrações. E cada distração, por menor que pareça, custa energia mental, fragmenta nosso foco e nos afasta da disciplina necessária para alcançar objetivos maiores.

No fundo, não se trata de quantos relógios temos, mas de quantas horas estamos realmente presentes e lúcidos para viver aquilo que importa.

De onde vêm as distrações?

Existem muitas maneiras de responder a essa pergunta. Ao longo das próximas páginas, vamos explorar várias delas, que surgem da preguiça mental, da falta de motivação, da repetição da rotina e de muitos outros gatilhos invisíveis do dia a dia. Mas, antes, precisamos entender com mais profundidade um vilão silencioso que alimenta grande parte das distrações: o excesso de escolhas.

Voltemos a Eduardo, que agora possuía três belos relógios para usar. Se pudéssemos observar sua vida mental com uma lupa, veríamos que, toda vez que ele abre a gaveta onde guarda os relógios, inicia-se um pequeno, porém intenso, processo interno de tomada de decisão que poderia ser mais ou menos assim:

> "Qual relógio combina melhor com a roupa que estou usando hoje?"
> "Qual foi o último que usei?"

"Será que este aqui já está ultrapassado?"
"Ah, mas esse outro parece melhor para hoje."
"Não... Não gostei... Melhor trocar."
"Pronto, vai esse mesmo!"

A cena pode até parecer inofensiva, mas não se engane. Esse ritual matinal, repetido dia após dia, é uma engrenagem invisível que rouba energia mental e fragmenta o foco. E não é só pelo tempo perdido diante da gaveta, escolhendo entre um acessório ou outro. O verdadeiro impacto está na dispersão gerada, no desvio da atenção que deveria estar totalmente voltada para o que de fato importa no dia: a reunião estratégica, o projeto que precisa de concentração, a leitura do livro, os estudos, a ligação importante que não pode ser esquecida.

A imagem representa o impacto das microdecisões que uma pessoa precisa tomar todos os dias e que acabam gerando um estado de desatenção para eventos que realmente importam.

Por causa desse breve desvio de foco na escolha de um simples relógio, Eduardo poderia acabar esquecendo a pasta com documentos essenciais, atrasando a reunião, gerando retrabalho e enfrentando constrangimento diante dos diretores.

Parece exagero? Agora pense em sua própria rotina.

Talvez você acorde com a agenda lotada de compromissos, tarefas, reuniões e responsabilidades que tomam cada minuto de seu dia. E, se for assim, sabe muito bem o peso das decisões constantes. Desde a hora em que abre os olhos até o fim da noite, sua mente é convocada a fazer escolhas, pequenas e grandes, e cada uma delas consome recursos preciosos do seu cérebro.

E aqui está o ponto crucial: quanto mais opções você acumula, mais decisões precisa tomar. Quanto mais decisões toma, mais energia mental gasta. E quanto mais energia gasta com escolhas triviais, menos sobra para o que realmente importa.

É por isso que profissionais sem foco sofrem tanto com os prejuízos das distrações. E não é só questão de perder minutos preciosos ao longo do dia. É a soma invisível dos desvios que resultam em baixa produtividade, retrabalho, esquecimentos, cansaço extremo e, muitas vezes, uma sensação amarga de não ter feito nada realmente importante, mesmo depois de um dia inteiro de esforço.

Distração, descontrole emocional, estresse, frustração, sonhos dilacerados: esse tem sido o padrão de uma sociedade perdida, paralisada diante de uma sucessão interminável de pensamentos desconexos e decisões inúteis. Pensar demais sobre questões triviais e decidir constantemente sobre ações desnecessárias consome energia vital e provoca um desgaste silencioso, que resulta na temida fadiga mental.

Para entender melhor esse fenômeno, considere: o cérebro humano é o responsável por pelo menos 20% de toda a energia que gastamos diariamente.[22] E grande parte desse consumo não vem da resolução de problemas complexos, mas do simples fato de precisarmos gerenciar uma avalanche de pequenas escolhas, distrações e interrupções que se acumulam ao longo do dia.

É por isso que cada vez mais pessoas se queixam de exaustão mental. Elas enfrentam, desde o momento em que acordam, um turbilhão de decisões automáticas, muitas sem real importância, mas que vão drenando suas forças pouco a pouco. Ao final do dia, sentem-se completamente sugadas.

---

[22] PENSO, logo... emagreço? Quanta energia consumimos para raciocinar? **VivaBem Uol**, 26 dez. 2022. Disponível em: www.uol.com.br/vivabem/noticias/redacao/2022/12/26/pensar-muito-emagrece.htm. Acesso em: 3 maio 2025.

Sem energia para brincar com os filhos, preparar uma refeição tranquila, estudar, ler um bom livro ou até mesmo desfrutar de momentos simples de prazer, como conversar, rir e, por que não, fazer amor. O cansaço mental não dá trégua.

E tudo isso começa com hábitos pequenos, quase imperceptíveis, mas que, quando repetidos, transformam-se em vícios silenciosos, até que passam a definir quem somos e como vivemos.

Voltando ao exemplo de Eduardo, agora promovido a diretor da empresa. Ele continua sendo um homem ocupado, com agenda lotada e responsabilidades crescentes. Casou-se com uma mulher carinhosa, igualmente dedicada ao trabalho, e juntos tiveram uma filha. Porém, sobra pouquíssimo tempo para a convivência em família. Curiosamente, o que os aproximou foi o gosto compartilhado pelo consumo sofisticado: roupas, perfumes, acessórios. Mais do que companheiros de vida, tornaram-se parceiros no vício da aprovação social. E nada reforça tanto esse hábito quanto o prazer de receber elogios mútuos por suas aquisições.

Hoje, Eduardo é dono de uma coleção com mais de cinquenta relógios, todos organizados em cinco caixas de couro, cuidadosamente alinhadas em seu quarto. Todos os dias, sem exceção, repete um ritual que parece inofensivo, mas que consome tempo, energia e foco: abre as caixas, observa cada peça, avalia combinações, experimenta e decide qual será o eleito do dia. Pequenas decisões, grandes drenagens.

Mas não para por aí. Eduardo também integra um grupo de colecionadores, uma verdadeira tribo onde o ego é alimentado diariamente. A cada encontro ou conversa, há sempre alguém exibindo a última novidade, um modelo exclusivo, um lançamento imperdível. Ninguém quer ficar para trás. E assim, um ciclo sem fim se forma: o novo relógio pede uma nova pulseira, que pede um novo colar, que exige roupas à altura, que combinam melhor com sapatos de grife, que valorizam o corpo, que pede cuidados estéticos, procedimentos, dietas... E, de aquisição em aquisição, a vida vai sendo moldada não pelo que se é, mas pelo que se tem.

E é justamente aí que mora o perigo.

Quando o prazer passa a depender daquilo que se possui e não daquilo que se sente ou é, instala-se um vazio. Um vazio que exige cada vez mais estímulos para ser preenchido, e que cobra caro: noites mal dormidas, contas no vermelho, relações superficiais, ansiedade crescente e uma mente caótica, onde o foco se dissolve em distrações constantes.

Eduardo, como muitos, tornou-se prisioneiro de uma sociedade que valoriza mais a embalagem do que o conteúdo. Uma sociedade que vende a ilusão de que paz mental está à venda, quando, na verdade, ela nasce da simplicidade, do autocontrole e do resgate de valores internos, que não precisam de aplausos nem curtidas para existir.

Ao observar com atenção, perceberá que não se trata apenas de relógios ou consumo. Trata-se de como nossas escolhas cotidianas moldam nossa mente, nossa energia e, por consequência, nossa capacidade de realizar o que realmente importa.

O que apresento neste livro é a ideia central de que foco e disciplina são os alicerces que sustentam o autocontrole. É a partir deles que você ativa sua lucidez para tomar decisões mais conscientes e estratégicas no dia a dia. Por isso, vale o questionamento: quais critérios você tem usado para fazer suas escolhas?

Durante muito tempo, era comum ouvir os homens reclamando que as mulheres demoravam demais para se arrumar. Eles, por sua vez, se gabavam da praticidade: uma calça, uma camisa, uma olhada rápida no espelho e, em cinco minutos, estavam prontos para apadrinhar um casamento. Enquanto isso, o "atraso" era sempre atribuído a elas.

Mas isso mudou. A partir da década de 1980, estilistas como Calvin Klein transformaram a moda masculina, antes basicamente funcional, em um verdadeiro objeto de desejo. A publicidade então reforçou a ideia de que o homem moderno deveria se preocupar com a aparência. Resultado: hoje assistimos a uma explosão da vaidade masculina, que vai desde a escolha de roupas íntimas até tratamentos estéticos sofisticados. Não é raro, atualmente, o cenário se inverter: a mulher pronta aguardando o marido terminar de se arrumar.

E o que isso tem a ver com foco e autocontrole?

Tudo.

Quanto mais você investe no TER – em acumular, ostentar, comprar, exibir – mais opções você cria. E quanto mais opções, mais decisões precisam ser tomadas. E quanto mais decisões, mais energia e tempo são gastos com coisas que deveriam ser simples e objetivas.

Agora pense: quantas horas de seu dia são desperdiçadas administrando detalhes que, no fundo, pouco importam? Quantas pequenas decisões diárias, sobre o que vestir, o que comprar, o que mostrar, ocupam um espaço precioso que poderia estar sendo usado para aquilo que realmente faz diferença, como aprender algo novo, educar melhor seus filhos ou desenvolver habilidades importantes para seu futuro?

Se, sem perceber, você está se transformando em um Eduardo ou em uma Imelda Marcos, acumulando excessos e tornando sua rotina refém de escolhas desnecessárias, cuidado. Quanto mais energia você dedica ao supérfluo, menos sobra para o essencial. E isso corrói, dia após dia, sua capacidade de foco e realização.

Por outro lado, quando você direciona seu investimento para o SER – no autoconhecimento, no aprimoramento pessoal, no crescimento espiritual e intelectual – descobre que a verdadeira felicidade não exige tanto assim. Descobre que uma vida simples pode ser plena. E que uma mente em paz, livre dos excessos, é capaz de realizar muito mais.

Essa é a liberdade que busco inspirar em você. Uma liberdade que nasce quando entendemos que autocontrole não significa reprimir desejos, mas escolher com sabedoria aquilo que realmente merece nossa atenção.

Agora, pare por um instante e reflita com sinceridade:

- O que realmente pesa na hora de decidir: sua vontade genuína ou a pressão social?
- Você escolhe pensando no que é essencial para sua paz mental ou apenas para impressionar os outros?
- Quantas das suas escolhas diárias estão apenas alimentando hábitos automáticos?
- As decisões que toma aproximam você de seus objetivos ou apenas ocupam seu tempo e sua energia?
- Se precisasse simplificar sua vida hoje, quais escolhas teria coragem de eliminar da sua rotina?

Essas perguntas são um convite para que você comece a retomar as rédeas da sua atenção e, assim, experimentar o poder transformador do foco e da disciplina em sua vida.

Todas as suas escolhas estão corretas

Segundo a Bíblia, Jesus Cristo já nos ensinava que a semeadura é opcional, mas a colheita é inevitável. Quem semeia paz, colhe paz. Quem semeia bondade, colhe bondade. Quem semeia ódio, colhe ódio. E quem não semeia nada... simplesmente não colhe nada. Todas as escolhas que você faz, sejam elas boas ou ruins, estão corretas – não porque são perfeitas, mas porque são suas. E, diante disso, existe uma verdade inegociável: a responsabilidade é toda sua.

Lembro de uma pessoa que decidiu parar de estudar assim que concluiu o ensino médio. Foi uma escolha pessoal, sustentada mesmo diante do alerta da família. Hoje, anos depois, vive as consequências: uma rotina marcada por limitações financeiras, dificuldades para orientar os próprios filhos e constantes desafios para crescer profissionalmente. Ainda assim, foi a decisão que fez, com base nos critérios que julgava corretos na época. E aqui cabe um aviso importante: sim, suas escolhas são suas. Mas, se decidir viver sempre na corda bamba, não reclame quando sentir que está a um passo do abismo.

Agora, existe um agravante ainda mais delicado: muitas vezes, nossas escolhas não afetam apenas nossa própria vida. Elas geram impacto direto em quem está ao nosso redor, provocando desequilíbrios e tirando a paz de quem mais amamos.

Pense, por exemplo, em um jovem de dezoito anos que decide comprometer 70% do seu salário, vindo de um trabalho instável, para pagar as intermináveis prestações de um carro zero quilômetro. Embora a decisão e a responsabilidade financeira sejam dele, quando algo dá errado – e acredite, é muito provável que aconteça –, quem acaba sendo envolvido no problema? Os pais, claro. Nenhuma mãe ou pai suporta ver o próprio filho afundar. E por mais que, tecnicamente, a escolha tenha sido dele, o impacto emocional atinge a família inteira. Tudo isso porque faltou reflexão, faltaram critérios sólidos para avaliar os prós e contras e, talvez, sobrou a sedução irresistível de um vendedor bem treinado.

Agora pare e reflita: quantas escolhas você já fez na vida que acabaram afetando outras pessoas? Faça uma pausa e tente listar pelo menos cinco delas. Se quiser facilitar, pense em cada uma destas áreas:

Em relação ao trabalho:

....

Em relação às finanças:

....

Em relação à educação:

....

Em relação aos relacionamentos:

....

E, ao olhar para essas escolhas, pergunte-se: quais foram os critérios que o guiaram? Em que você se apoiou para decidir?

Lembro-me de uma cena da infância que ilustra bem como essas referências surgem. Eu devia ter uns sete anos quando minha avó me chamou a atenção para os chinelos espalhados pelo chão da casa. Com toda a seriedade do mundo, ela disse: "Está vendo esses chinelos virados? Sabia que, quando ficam assim, a mãe da gente pode morrer?".

Naquela idade, a simples ideia de perder minha mãe me apavorava. A partir daquele dia, criei uma espécie de ritual: toda vez que entrava em casa, ia direto ajeitar os chinelos. Essa crença ficou guardada na minha memória por anos. Era limitante, claro, mas, para mim, fazia sentido. E mais: passei a não tolerar chinelos virados em lugar nenhum, fosse quem fosse o dono.

É assim que, aos poucos, construímos nosso mundo mental. Criamos crenças, padrões e estilos de vida que, sem perceber, moldam nosso comportamento e nossos resultados. E, como em um círculo vicioso, o que acreditamos determina o que vivemos – e o que vivemos reforça o que acreditamos.

Nosso personagem Eduardo é um exemplo claro disso. Ele instalou a crença de que, para ser reconhecido, precisa exibir um relógio novo com frequência. À primeira vista, suas escolhas parecem corretas, afinal, são baseadas em algo que ele acredita ser necessário para manter sua autoestima elevada. Mas no longo prazo, essas escolhas criaram um estilo de vida pesado, caro, difícil de sustentar – e, pior, mentalmente exaustivo.

E, se observarmos com atenção, perceberemos que também fazemos isso em diversas áreas de nossa vida. Repetimos padrões no trabalho, na família, nos estudos... e, muitas vezes, sem perceber, somos nós mesmos que alimentamos as distrações, o descontrole e a insatisfação.

Por isso, pergunto: quais escolhas estão construindo seu estilo de vida hoje? E, mais importante, para onde essas escolhas o estão levando? Vamos olhar mais a fundo no próximo capítulo.

CAPÍTULO 4

Estados mentais e os problemas mais comuns

Neste capítulo, quero compartilhar com você o que, em minha visão, é uma das chaves para compreender o funcionamento da mente humana e os motivos pelos quais somos como somos. Estado mental é, basicamente, a maneira como sua mente o faz reagir em cada situação, a cada experiência, em qualquer momento do dia.

Para ilustrar, pense em uma lâmpada. É um exemplo simples e eficiente. Ela tem apenas dois estados básicos: acesa ou apagada. Mesmo quando está piscando, falhando ou quase queimando, ainda assim está entre esses dois polos – meio acesa ou meio apagada. Não existe um "não estado" para a lâmpada; ou ela está funcionando, ou não.

Da mesma forma, a mente também opera em estados constantes. Essa ideia foi aprofundada pelo filósofo americano John Rogers Searle, que, em seu livro *Mente, cérebro e ciência*, abordou a Teoria dos Estados Mentais.[23] Ele explicou que a mente funciona como um sistema: recebemos estímulos (*input*), processamos informações e emitimos respostas (*output*). Para Searle, a mente seria como um software rodando no hardware do cérebro. E dentro desse funcionamento sempre há um estado mental em atividade.

Mesmo durante o sono, não estamos em "estado zero"; estamos no estado mental do sono. A ausência total de estados mentais só ocorre quando não há mais vida. Portanto, podemos afirmar que estar vivo é estar

---

[23] SEARLE, J. **Mente, cérebro e ciência**. Tradução de Artur Morão. Lisboa: Edições 70, 1987.

permanentemente em algum estado mental – seja de calma, alerta, medo, alegria ou qualquer outro.

Agora, pense em um animal de estimação, como um cachorro ou um gato. É comum que os donos atribuam a eles emoções e comportamentos que, sem dúvida, demonstram estados mentais. Quem nunca viu seu cachorro bravo ao notar um estranho no portão? Ou estressado quando a criança da casa insiste em puxar seu rabo? E aquele estado de pura alegria quando você chega em casa ou o convida para passear?

Se podemos reconhecer estados mentais nos animais, imagine, então, no ser humano. Quantos estados mentais somos capazes de experimentar? A resposta é: muitos. E, mais importante ainda, esses estados não apenas acontecem, como também se sobrepõem, se misturam, se alternam rapidamente ao longo do dia e, sem que percebamos, determinam a qualidade do que sentimos, pensamos e realizamos.

Uma forma interessante de entender isso é comparando os estados mentais aos aplicativos que você organiza na tela de seu smartphone. Eles estão todos lá, disponíveis. Você não usa todos ao mesmo tempo, mas sabe que, com um simples toque, pode abrir qualquer um deles. Alguns aplicativos você utiliza com frequência, pois facilitam sua vida, aumentam sua produtividade, estimulam sua criatividade ou proporcionam diversão e aprendizado. Já outros, nem tanto. Há aplicativos que só servem para sugar seu tempo, roubar sua atenção e desperdiçar energia, além de causar dependência e distração.

Com a mente acontece o mesmo. Há estados mentais que nos impulsionam para frente, fortalecem nossa concentração, despertam nossa criatividade e nos deixam mais próximos dos nossos objetivos. Mas também existem aqueles estados que drenam nossa energia, alimentam a ansiedade, aumentam o medo, travam nossos projetos e nos mantêm presos em ciclos de procrastinação.

A questão que nos cabe refletir, então, é: quais "aplicativos" de sua mente você tem aberto com mais frequência? Quais estados mentais estão dominando o seu dia? E, principalmente, você tem consciência do impacto que isso causa em sua vida?

Você pode, agora mesmo, fazer um exercício simples e revelador: pegue seu celular e passe os olhos pelos aplicativos instalados, fazendo uma revisão completa de tudo o que tem armazenado. Crie duas categorias. Na primeira, agrupe todos aqueles que realmente facilitam sua vida, ajudam em suas tarefas, promovem aprendizado e otimizam seu tempo. Na segunda, relacione os aplicativos que drenam sua energia, causam dependência e fazem você perder horas preciosas com distrações inúteis. Depois observe com atenção: qual das categorias predomina em seu celular?

Esse simples diagnóstico explica muito sobre o que acontece com sua rotina e seu nível de foco e disciplina. A verdade é que muitas pessoas perdem produtividade e propósito no dia simplesmente porque passam a maior parte do tempo navegando nos aplicativos errados – aqueles que entregam a falsa sensação de prazer e alívio, mas que, ao final do dia, deixam apenas cansaço e frustração.

E o que fazer diante disso? A resposta não precisa ser complexa. Reconheça o impacto desses aplicativos negativos e... apague-os. Simples assim! Liberte-se do que rouba sua atenção.

Afinal, smartphone significa "telefone inteligente". E, se realmente fosse usado com inteligência, deveria ser um aliado, tornando sua vida mais prática e conectada de maneira saudável. Mas o que vemos, todos os dias, são crianças, jovens e adultos dominados por essas pequenas máquinas, reféns de uma dependência silenciosa que sabota projetos, drena energia e limita o poder de realização.

Agora, aproveitando esse raciocínio, proponho um segundo exercício. Imagine seu cérebro como um smartphone e os estados mentais como aplicativos instalados, prontos para serem acessados.

Faça uma lista e divida-a em dois grupos:

De um lado, os estados mentais positivos – aqueles que impulsionam sua vida, fortalecem seu foco, estimulam a criatividade, geram motivação e ajudam você a encontrar soluções para os desafios do dia a dia. São esses estados que aproximam você de seus sonhos e objetivos.

Do outro, os estados mentais negativos – aqueles que consomem sua energia, alimentam o medo, promovem a procrastinação e mantêm você paralisado diante das oportunidades que poderiam transformar sua vida.

Agora reflita: quais "aplicativos mentais" você tem aberto com mais frequência? Quais estados dominam seu dia?

Essa simples análise já é suficiente para iniciar uma reprogramação poderosa de sua mente. Porque, assim como com o celular, você também pode – e deve – deletar pensamentos e sentimentos limitantes, encerrar processos que consomem demais e priorizar o que realmente importa. É assim que se começa a construir uma mente focada, disciplinada e capaz de realizar.

Estados mentais positivos	Estados mentais negativos

Veja quantos estados mentais podemos acionar em apenas um único dia!

Ao longo da rotina, transitamos por uma ampla variedade de estados mentais, e cada um deles é diretamente influenciado pelas escolhas que fazemos (*inputs*). Dependendo dessas decisões, podemos tanto potencializar quanto frear totalmente nosso poder de realização.

Pense, por exemplo, no caso do nosso personagem Eduardo, que precisa acessar diariamente seu "aplicativo mental" para escolher qual relógio usar, avaliando os prós e contras de cada modelo disponível. Pode parecer exagero, mas é exatamente isso que fazemos todos os dias ao decidir que roupas vestir, quais sapatos combinar, que acessórios usar. E mesmo que algumas pessoas sejam mais desapegadas e não dediquem tanta energia a esses detalhes, a maioria repete esse ritual sem perceber o impacto que ele gera.

Agora, amplie essa reflexão: além de roupas e acessórios, quantas outras centenas de decisões você precisa tomar todos os dias? E mais: quantos estados mentais são ativados em resposta a cada uma dessas escolhas?

Essas pequenas decisões, acumuladas ao longo do dia, drenam energia mental e nos afastam do que realmente importa. Reconhecer esse ciclo é o primeiro passo para retomar o foco e direcionar sua mente para o que, de fato, merece sua atenção e esforço. Por exemplo:

ATIVIDADE	ESTADO MENTAL	TIPO
Acordar abruptamente com o som do despertador.	Assustado, Alerta	Negativo
Tomar café da manhã assistindo às más notícias.	Ansiedade, Preocupação	Negativo
Apressar os filhos para ir à escola.	Irritação, Estresse	Negativo
Enfrentar um congestionamento no trânsito.	Estresse, Tédio, Pressa	Negativo
Perceber uma pessoa suspeita se aproximando do seu carro.	Medo, Pânico	Negativo
Deixar os filhos em segurança na escola.	Tranquilidade, Paz	Positivo
Enfrentar o trânsito para chegar ao trabalho.	Estresse, Tédio, Pressa	Negativo
Reunião de trabalho com o novo diretor da empresa.	Ansiedade	Negativo
Almoço animado com os colegas de trabalho.	Alegria	Positivo
Ler mensagem informando que o cliente desistiu do contrato.	Frustração	Negativo
Pegar as crianças na saída da escola.	Pressa	Negativo
Chegar em casa e cuidar das tarefas domésticas.	Preguiça, Revolta	Negativo
Voltar da academia.	Ânimo, Motivação	Positivo
Fazer sexo.	Prazer	Positivo
Lembrar-se das tarefas do dia seguinte.	Preocupação	Negativo
Dormir.	Sono	Positivo

Como você pode perceber, nosso cérebro – esse computador biológico extraordinário – acessa diversos estados mentais ao longo de um único dia, como se abrisse e fechasse aplicativos em resposta às escolhas que fazemos, às situações em que nos colocamos e até mesmo às lembranças que alimentamos.

Agora, repare em algo importante: todos esses estados mentais têm sua utilidade, de acordo com o contexto que os desperta. Sentir medo, por exemplo, diante da aproximação de alguém estranho em um ambiente isolado, é um mecanismo valioso de proteção. Ele prepara seu corpo e sua mente para reagir, se necessário, e proteger quem você ama. Da mesma forma, o estado mental de pressa pode ajudá-lo a ser mais ágil no trânsito para chegar a tempo na escola das crianças, assim como a ansiedade – em doses moderadas – pode deixá-lo mais atento em uma reunião decisiva com o novo diretor da empresa.

O problema começa quando esses estados são ativados sem trégua, um após o outro, minuto a minuto, como se dezenas de aplicativos ficassem abertos ao mesmo tempo, sobrecarregando o sistema. O resultado? Cansaço extremo, perda de foco, reações automáticas, falta de disciplina e um desgaste mental profundo.

Lembro-me da história de um empresário que tentava encontrar uma vaga no concorrido estacionamento do aeroporto de Congonhas, em São Paulo. Ele já estava atrasado (estado de pressa) e em alerta máximo (estado de vigilância), vasculhando cada canto do estacionamento. Logo atrás, vinha outro motorista, colado em seu carro e igualmente ansioso. Após descerem três andares sem sucesso, o motorista de trás perdeu a paciência e começou a buzinar insistentemente.

Esse som, aparentemente simples, foi o "gatilho final". O empresário, já acumulando dias de tensão, noites mal dormidas e uma rotina estressante, explodiu. Por impulso, engatou a ré e acelerou em direção ao carro que vinha atrás. Veja bem: não foi apenas a buzina que provocou essa reação desproporcional, mas o acúmulo de estados mentais negativos que ele vinha carregando silenciosamente. Aquilo foi só a faísca em um barril de pólvora já cheio.

Situações como essa acontecem todos os dias. Quando os estados mentais negativos se acumulam sem que você os perceba ou administre, eles começam a comandar suas atitudes. O resultado? Confusão mental, descontrole, dificuldade para manter o foco e uma frustração crescente que paralisa seus projetos e suas decisões. É nesse momento que as pessoas começam a se perguntar por que sentem vontade de desistir de tudo, quando, na verdade, só estão exaustas por gerenciar no picadeiro do circo mental uma multidão de pensamentos e emoções desordenadas.

O segredo para quebrar esse ciclo está no equilíbrio entre os estados mentais positivos e negativos. Havia um costume profundamente enraizado na sociedade egípcia que era a busca pela evolução moral e espiritual como caminho para a ascensão à próxima vida. Para isso, acreditava-se que o indivíduo deveria vivenciar diferentes experiências, refletir sobre elas, aprender, encontrar o equilíbrio – um princípio que chamavam de "o caminho do coração" – e, assim, alcançar a verdadeira elevação. Os estados positivos são os que mantêm sua mente lúcida, seu corpo produtivo e sua energia canalizada naquilo que realmente importa. Já os negativos, quando dominam, criam um abismo entre aquilo com que você sonha e o que de fato consegue realizar. Se você passa a maior parte do tempo apagando incêndios, lidando com problemas urgentes e vivendo frustrado, seu corpo paga a conta: o excesso de cortisol, o hormônio do estresse, toma conta de seu organismo, acelerando o envelhecimento, enfraquecendo seu sistema imunológico e drenando sua vitalidade.[24] E, nesse cenário, surge um dos estados mentais mais traiçoeiros para quem deseja foco e produtividade: a preocupação constante. Por isso, reforço: autocontrole não é apenas uma habilidade emocional. É a chave que permite escolher conscientemente o estado mental adequado para cada situação, mantendo sua mente em um estado de recurso e presença, sem permitir que distrações ou pressões externas o tirem do rumo.

Quem controla a própria mente, domina o próprio destino. E quem domina o próprio destino transforma a vida em uma experiência de verdadeira realização.

Preocupação: quando as coisas não vão bem

Ansiedade é um estado mental, uma sensação de angústia que surge quando nos deparamos com problemas que não sabemos como resolver. A mecânica é simples: se surgem dúvidas ou a incerteza sobre como agir diante de um novo desafio, nossa mente automaticamente se projeta para o futuro,

[24] DISPENZA, J. **Como aumentar a capacidade do seu cérebro**: a ciência de transformar sua mente. Tradução de Marcia Men. Porto Alegre: Citadel, 2023.

buscando soluções, mas, ao mesmo tempo, imaginando as piores consequências. Essa projeção gera ansiedade.

Imagine um empresário com boletos a pagar. Ele espera um pagamento que lhe permitirá quitar suas dívidas até o final da semana. Mas, de repente, recebe um telefonema informando que o pagamento atrasará. O susto e a decepção o levam a simular, mentalmente, diversas possibilidades para conseguir o dinheiro necessário. Depois de várias tentativas, ele constata que não há solução no curto prazo. Como você se sentiria nessa situação?

Diante de eventos assim, nossa mente acessa a ansiedade como uma resposta natural de defesa contra a possibilidade de sofrimento. Ela começa a projetar, incessantemente, as consequências do não pagamento, inundando nossos pensamentos com hipóteses e cenários negativos. Esse caos interno é o início do que chamamos de preocupação.

A preocupação é um estado comum na vida de muitas pessoas e desvia nossa atenção da busca por soluções. Por exemplo, conheço estudantes que gastam mais tempo se preocupando em adivinhar como será uma prova do que focando a preparação adequada para ela.

A preocupação não faz distinção: ela atinge jovens, adultos, idosos, ricos e pobres. Às vezes, até eventos positivos, como um casamento ou uma viagem, podem gerar preocupação, pois nos obrigam a pensar nos preparativos. Uma pessoa pode se inquietar com a simples ideia de comprar leite para o filho, enquanto um milionário pode se preocupar em encontrar um hotel que esteja à altura de suas exigências.

No fundo, a maioria de nossas preocupações não está relacionada às coisas boas que podem nos acontecer, mas sim à projeção das piores possibilidades. Preocupamo-nos com o futuro dos filhos, com a política, com a economia do país, com as contas no final do mês, com o resultado de uma prova ou com a situação da empresa.

Entender como a ansiedade e a preocupação se instalam em nossa mente é o primeiro passo para aprender a gerenciá-las e, assim, preservar nosso foco e nosso poder de realização.

Manter a cabeça no futuro, preocupados com os problemas ou remoendo as dores de uma situação difícil, gera ansiedade e momentaneamente nos cega. Ficamos como se víssemos, mas não enxergássemos; ouvíssemos, mas não escutássemos; e deixássemos de sentir o que se passa ao nosso redor. Em um cenário assim, torna-se fácil perder o foco nas pequenas tarefas do presente. Imagine, por exemplo, uma pessoa que, após fazer compras, coloca a bolsa no teto do carro para organizar as sacolas no banco de trás. Em seguida, entra no carro, dá a partida e parte, deixando a bolsa abandonada em uma esquina.

Uma mente organizada e disciplinada consegue administrar melhor os acontecimentos e elaborar um planejamento que previne surpresas desagradáveis. Pense no empresário que, ao ser informado de que o pagamento de um cliente atrasaria, entra em pânico. Se ele tivesse o hábito de manter uma reserva financeira para momentos inesperados, estaria mais tranquilo e focado em outras tarefas importantes.

Da mesma forma, os pais teriam mais serenidade e poderiam participar mais da vida dos filhos se, desde cedo, incentivassem uma poupança mensal ou garantissem a melhor educação possível. Uma nação também sofreria menos se soubesse escolher com sabedoria os candidatos nas urnas.

Viver no presente é uma forma de manter o controle, pois permite direcionar nossa energia para prevenir problemas futuros, facilitando até mesmo a nossa respiração. Entretanto, o que observamos são pessoas cada vez mais tensas, com mentes constantemente ocupadas em projetar problemas. Como nos indica Eckhart Tolle, 80 a 90% dos pensamentos que surgem em nossa mente são negativos.[25] Quando repetidos com frequência, esses padrões podem tornar uma pessoa medrosa, limitada e viciada em pensamentos negativos.

Vício: quando não temos a opção de parar

Em certa ocasião, no final de um seminário, conversei com um aluno de cerca de 35 anos que me confidenciou estar viciado em pornografia na internet. Ele lutava de todas as maneiras contra esse vício, intensificado pela facilidade de acesso que a popularização da internet proporcionou, com inúmeros sites adultos à disposição.

Desde que a rede se disseminou, muitos homens passaram a evitar os riscos das ruas, optando por buscar sexo virtual – seja marcando encontros

---

25 TOLLE, E. *op. cit.*

reais ou simplesmente se satisfazendo com fotos e vídeos. O problema do meu aluno era claro: ele não conseguia mais parar. Ele tinha plena consciência de quantas vezes se entregava à pornografia, sabia que estava ultrapassando seus próprios limites e que estava prestes a tomar decisões erradas, mas já não via uma saída.

Um vício se instala definitivamente quando você perde a capacidade de interrompê-lo, mesmo sabendo dos danos que causa. Você pode estar ciente do vício, reconhecer a necessidade de parar e até entender que ele está prejudicando sua vida e das pessoas que ama, mas, quando ele ganha força, a decisão de dar um basta se torna praticamente impossível.

O aluno me revelou que chegava a passar três, quatro, cinco ou até seis horas seguidas na frente do computador, em uma busca incessante por mais pornografia. Nenhum vídeo ou imagem parecia satisfazê-lo completamente, e, assim como o colecionador de relógios que nunca se cansa de buscar o novo, ele passava parte do dia vasculhando esse "buraco negro" que é a internet. Essa maratona de distrações drenava sua produtividade, pois ele já não tinha a força moral necessária para interromper o ciclo. A falta de controle e a abundância de opções podem transformar um hábito inicialmente passageiro em um vício devastador, comprometendo o foco, a disciplina e, consequentemente, a capacidade de realizar o que realmente importa na vida.

Quando você acessa o mundo virtual e pesquisa a palavra "sexo", encontra milhões de resultados apenas em português – fotos, vídeos, textos de diversos tipos e gêneros. Na verdade, uma em cada quatro pesquisas na internet está relacionada a esse tema. Segundo dados de 2019 da SimilarWeb, um dos sites de pornografia mais famosos do mundo registra aproximadamente 3,1 bilhões de visitas por mês.[26] Dessa forma, o foco total em pornografia tornou-se um vício para aquele aluno, fazendo com que ele perdesse a concentração em atividades essenciais como trabalho, estudo e carreira.

---

26 10 SITES mais populares do mundo. **Forbes**, 10 abr. 2019. Disponível em: www.forbes.com.br/listas/2019/04/10-sites-mais-populares-do-mundo. Acesso em: 6 maio 2025.

Seu eu interno gritava por socorro, mas ele já não conseguia mais ouvir. Mesmo acreditando ter tentado de tudo, não conseguia parar: instalou vários filtros de moderação de conteúdo, digitou senhas aleatórias para bloquear sites indesejados e baixou programas que travavam páginas de busca, aplicativos de bate-papo e de troca de vídeos e fotos. No entanto, acabou se sabotando. Uma semana depois, ele se viu na assistência técnica, alegando problemas e pedindo para formatar o computador, pois não conseguia mais acessar a internet da maneira que desejava.

Para entender melhor, pense na memória RAM de um smartphone, que é usada para executar as operações de um aplicativo enquanto ele está aberto. Se você utiliza um aplicativo que consome muita memória, seu celular fica mais lento, pois o processamento pesado ocupa grande parte dos recursos disponíveis.

Algo semelhante acontece conosco quando repetimos um mesmo estímulo inúmeras vezes. Por exemplo, se você ouve a mesma música repetidamente, a constante exposição acaba fixando essa canção na sua memória operacional. Sem um autocontrole firme, você pode se ver revivendo essa melodia milhares de vezes ao longo dos dias ou semanas.

E o que acontece quando repetimos o mesmo padrão de pensamento, como uma preocupação específica? Assim como uma música, esse pensamento pode se tornar um traço na memória, uma lembrança persistente, transformando-nos em especialistas em nos preocupar. Quem se preocupa demais, com tudo e com todos, desvia uma quantidade enorme de energia para esse hábito, permitindo que essas inquietações dominem a mente. São esses estímulos que chamo de ladrões de atenção.

Descobrindo os ladrões de atenção

Por quanto tempo você consegue ficar concentrado em uma tarefa? Em um teste realizado com um grupo de alunos da Memory Academy, descobrimos que o tempo médio de concentração variava entre trinta segundos e um minuto e meio. Durante as entrevistas, porém, algo muito interessante emergiu em relação às queixas de falta de foco.

Existem diversas causas para a perda de concentração. Além de comportamentos obsessivos – como no caso do homem viciado em pornografia – há vilões menos visíveis: padrões de pensamentos repetitivos, ideias ruminantes, refrões de músicas intermináveis e conflitos internos. Mas, de acordo com nossos alunos, a maior causa da perda de foco vinha do volume de interrupções externas, seja de pessoas ou de eventos que interrompiam o fluxo natural de trabalho ou estudo.

Algumas distrações são facilmente identificáveis, como um som muito alto ou pessoas conversando enquanto você tenta ler um livro. Também podem ser estímulos físicos, como dor de cabeça, desconforto digestivo, dores, inflamações ou até déficits auditivos e visuais. Para esses casos, um pedido de "por favor", um comando mental ou até mesmo um tratamento específico geralmente resolvem a questão.

Mas o que fazer quando a causa da perda de foco e do enfraquecimento de seu poder de realização não é identificada de imediato? É justamente para isso que quero chamar sua atenção: muitas vezes, as distrações têm origem em fatores que nem imaginávamos que pudessem interferir em nossa capacidade de nos concentrar. Quero chamar sua atenção para aquelas causas de distração que muitas vezes passam despercebidas ou têm origem em situações que nem imaginávamos poder influenciar nosso foco. Veja alguns exemplos:

» Ela não conseguia se concentrar para preencher um relatório de trabalho. Sentia a mente girar e o corpo se contorcer, sem conseguir focar na tarefa prioritária. O motivo era a preocupação com o filho, que já deveria ter chegado da escola, tendo ultrapassado o horário normal – isso ocupava a maior parte da atenção, impedindo o devido engajamento na atividade profissional.

» Os pais de um aluno do sexto ano, com baixo rendimento escolar e dificuldades com atenção, foram abordados por uma coordenadora pedagógica. Ela explicou que o garoto era muito fechado e andava sempre sozinho. Após trabalhar no caso, descobriu-se que a falta de atenção estava relacionada ao bullying que ele sofria devido a sua condição física – o menino tinha atrofia do osso esterno do tórax. Esse fato fazia com que seus colegas o hostilizassem, deixando-o constrangido e em um estado permanente de tristeza, o que prejudicava sua capacidade de se concentrar na escola.

» Um jovem extremamente inteligente, mas com péssimo desempenho escolar, não demonstrava foco em sala de aula e evitava participar dos grupos, resultando em notas baixas. Os pais, preocupados, buscaram diversos tratamentos e testes, chegando ao diagnóstico de TDAH. Em uma ocasião, ele revelou que estava sofrendo bullying na escola por causa de seu nome. Por muito tempo, preferiu ficar em silêncio, temendo magoar os pais ou fazê-los sentir culpa pela escolha do nome. Esse detalhe se mostrou a grande causa das críticas, dos comentários maldosos e do isolamento que o afetavam.

» Um cliente relatou dificuldades para se concentrar no trabalho. Durante nossa conversa, ele admitiu ter esposa e três filhos pequenos para sustentar, além de enfrentar sérias dificuldades financeiras – contas vencidas e cobradores batendo à porta constantemente. Ficou claro que a verdadeira causa de sua dificuldade não poderia ser tratada apenas com medicação, pois esse tipo de pressão externa exige estratégias de administração e planejamento financeiro.

» Um estudante dedicado se preparou por anos para uma prova de concurso público, investindo tempo e dinheiro na expectativa de ser aprovado. No grande dia, enquanto dirigia até o local da prova, para descontrair, colocou a música do seu cantor preferido, Roberto Carlos. Na sala de aula, enquanto aguardava o início do exame, sua mente fixou-se na canção "Jesus Cristo", de Roberto Carlos. O refrão, repetido incessantemente ("Jesus Cristo, Jesus Cristo, Jesus Cristo eu estou aqui") dominou sua atenção, impedindo-o de ler com clareza os enunciados das questões difíceis. Essa distração aparentemente inofensiva acabou fazendo com que ele perdesse não só o grande investimento feito em sua preparação, mas também um ano inteiro de estudos.

Os exemplos citados ilustram como até as distrações aparentemente insignificantes podem comprometer nosso foco e, por consequência, nossa capacidade de realizar o que realmente importa. Cada preocupação, cada escolha tomada sem plena atenção e, sobretudo, cada interrupção, representa um verdadeiro ladrão de tempo e energia, afetando profundamente nossa produtividade e nosso bem-estar.

Muitas vezes, nem imaginamos que hábitos considerados normais – como ouvir música – podem ser fontes de distração. Uma canção simples, construída de uma maneira tão envolvente, ritmada e melodiosa, pode ser facilmente memorizada e associada tanto a momentos de alegria quanto a episódios dramáticos ou depressivos. Assim, uma música, que à primeira vista parece inofensiva, pode ser repetida milhares de vezes, reforçando profundamente as conexões neurais e comprometendo o foco em outras atividades.

Os clássicos de Bach, Beethoven e outros compositores, por exemplo, foram criados para serem apreciados e realmente tocam a alma. A música instrumental e clássica é uma arte capaz de agitar ou acalmar a mente no exato instante em que é ouvida. Contudo, após sairmos de um concerto, dificilmente repetimos essas obras em nossa memória. Por outro lado, é comum ver pessoas com fones de ouvido ouvindo músicas populares – com rimas simples, mas incrivelmente pegajosas – que se fixam na mente e podem, durante semanas, ocupar nossos pensamentos de modo incessante.

Lembro-me, ainda criança, de deitar no chão da sala ao lado de meus irmãos para assistir a um seriado do Incrível Hulk, estrelado pelo fisiculturista Lou. Recordo nitidamente de como o personagem, ao ficar furioso, transformava-se em uma fera com os olhos esbranquiçados. Naquele momento, apesar do impacto, eu me sentia protegido pela presença dos meus irmãos. Contudo, horas depois, já deitado na cama sozinho, aquela imagem tenebrosa orbitava minha mente e provocava um medo inexplicável.

Com o passar do tempo, essa associação foi perdendo força. Mas, recentemente, revivi esse mesmo temor pelos olhos de meu filho. Certa vez, estávamos na sala assistindo televisão – ele tinha apenas 4 anos – e, ao pedir o controle para zapeá-la, parei por alguns segundos em um canal que exibia um filme violento, com uma cena de assassinato. Rapidamente, voltei ao desenho a que meu filho assistia. Contudo, horas depois, ao colocá-lo para dormir, percebi que ele estava muito quieto e, ao incentivá-lo a falar, ele me perguntou sobre a cena de assassinato que havia visto por alguns segundos. Fiquei imaginando por quanto tempo aquele menino inocente remoeu em silêncio a imagem da violência e quais consequências aqueles breves instantes poderiam ter causado se eu não tivesse oferecido uma explicação adequada.

Isso demonstra que, sem um treinamento correto, nem sempre percebemos como pequenos eventos do cotidiano podem se transformar na fonte de uma verdadeira guerra mental, gerando estados limitadores se os deixarmos passar despercebidos. Nessas situações, frequentemente se manifesta o estado mental do medo – medo da mudança, de enfrentar desafios, de se entregar à vida.

Medo que nos mantém na "zona de controle"

Talvez você conheça pessoas que, pelo discurso, parecem ter um perfil empreendedor – cheias de ideias brilhantes para melhorar seu trabalho, negócios e projetos – mas que, na prática, realizam muito pouco. Elas dominam estratégias de execução, aconselham colegas com confiança, mas quando chega a hora de aplicar suas próprias ideias, faltam ousadia, iniciativa e coragem. Especialistas em arriscar o patrimônio alheio, tornam-se inexplicavelmente cautelosas quando a decisão envolve seu próprio futuro. Suas pastas estão repletas de projetos geniais, mas a indecisão as mantém firmemente presas ao mesmo lugar.

Na psicologia, chamamos esse estado de zona de conforto – um espaço mental onde tudo é familiar, seguro e livre de riscos. Nele, ansiedade e estresse ficam mínimos justamente porque não há desafios novos para enfrentar. Mas, quando confundimos conforto com progresso, acabamos presos naquilo que prefiro chamar de zona de controle: um lugar onde acreditamos dominar tudo, mas que, na verdade, mina nosso poder de realização e faz com que muitos desistam dos seus sonhos.

Se você se identifica com esse padrão – aquela voz interna que elogia suas ideias, mas trava na hora de agir – saiba que o verdadeiro crescimento exige sair desse círculo. Identificar e romper com a zona de controle é o primeiro passo para transformar intenção em realização e finalmente colher os resultados com que você sempre sonhou.

Pense naquele momento em que o ônibus perde os freios durante uma descida e o passageiro, que estava confortavelmente sentado, pula no assento do volante na tentativa de ajudar o motorista a controlar o veículo. Esse é o exemplo de alguém que, por medo de algo maior, tenta controlar tudo e todos, mesmo estando em uma situação difícil. O medo de decidir e errar é o que nos mantém presos na zona de controle, impedindo que possamos avançar e colocar nossos sonhos em prática.

Talvez você já tenha se flagrado em momentos em que precisava se concentrar para ler um contrato de trabalho, estudar para um exame de qualificação profissional ou preencher uma planilha complexa, mas não conseguiu sequer iniciar a tarefa. Isso muitas vezes acontece porque sua mente se enche tentando controlar variáveis que, no fundo, estão fora de seu alcance, como o comportamento das outras pessoas, eventos imprevistos, o tempo e as crises. Entretanto, gastamos uma energia imensa tentando gerir essas situações. Em oposição à chamada zona de controle, temos a preguiça mental.

A preguiça mental – ou a relutância em pensar, refletir, checar e calcular – frequentemente afasta o foco, tornando você vulnerável a pequenos erros que podem se transformar em grandes prejuízos. Por outro lado, ela também pode levá-lo a optar pelas escolhas mais cômodas, evitando riscos e, assim, impedindo que a ousadia se manifeste. Embora essa preguiça possa, em alguns momentos, evitar conflitos, ela também limita seus sonhos. Por isso, é fundamental desenvolver o autocontrole, a reflexão profunda e o poder de decisão que funcionam como ponto de equilíbrio essencial.

Um dos mecanismos mais comuns desse sedentarismo mental é a generalização. Quando generalizamos, conduzimos nossa consciência por um caminho fácil, sem enfrentar os desafios cognitivos necessários para cada tarefa. É muito mais simples dizer "isso é difícil" e desistir do que encarar todas as etapas para realizá-lo. Palavras como "difícil" e "complicado" passam a ditar as regras de nossas escolhas, e essa tendência pode nos levar à inação. Embora a inação evite problemas imediatos, ela tem um preço alto no longo prazo: ao não semear, não colhemos nada.

Algumas pessoas chegam a se viciar em não se esforçar justamente porque sentem o peso de manter a mente focada. Por exemplo, muitos alunos preferem gravar todas as aulas com o celular, permitindo-se baixar a guarda, pois sabem que poderão escutar novamente em casa ou durante um deslocamento. Outros optam por fotografar a lousa ou ainda anotar cada palavra dita, mas acabam apenas transferindo a informação sem realmente processá-la, o que resulta em pouco ou nenhum aprendizado. Tanto o hábito de gravar quanto o de anotar de maneira mecânica mantêm a mente dispersa e podem levar ao retrabalho.

Essa dinâmica revela como hábitos aparentemente simples podem se transformar em ladrões de atenção, prejudicando nosso foco e, em consequência, nossa capacidade de realizar o que é verdadeiramente importante, produzindo o retrabalho.

Retrabalho

A palavra "retrabalho" não costuma aparecer nos dicionários tradicionais – alguns sequer o registram – mas é um termo muito comum no ambiente corporativo. Ele designa, de modo simples, o ato de refazer uma tarefa que não foi concluída com a qualidade necessária na primeira vez, geralmente por erros causados por distrações ou esquecimentos.

Pense no estudante que chega à faculdade e, em vez de prestar atenção ao professor, deixa um gravador ligado "para facilitar a vida" – ou, na verdade, por preguiça mental. Como resultado, ele não absorve o conteúdo apresentado. Se esse aluno grava quatro horas de aula, terá de gastar outras quatro horas repetindo a gravação depois – um retrabalho ou esforço extra que dificilmente substituirá a aprendizagem direta e dinâmica que ocorre em sala.

O estresse, o desânimo e a fadiga mental gerados por esse retrabalho criam um ciclo de perda de foco. Para fugir dessa sensação desagradável, muitas pessoas recorrem a estímulos imediatos – as mesmas "fugas" que discutimos no tópico "O momento 'Candy Crush'". Junto com as reclamações constantes, esses comportamentos transformam o que poderia ser um espaço de tranquilidade mental em um estado permanente de distração, improdutividade e uma mente desgovernada.

Uma mente desgovernada

Sabe qual é o sinal mais claro de que você está ultrapassando os limites da sanidade mental? É quando tarefas que exigem foco e disciplina – aquelas que realmente importam – se tornam quase impossíveis de concluir. Embora existam muitos sintomas de desgaste psicológico, a falta de concentração costuma ser o primeiro alerta de que algo não vai bem.

A neurociência já comprovou: o estado natural da mente humana não é o foco, mas sim a dispersão. Essa tendência não é novidade – ela vem de nossos antepassados, que precisavam manter os sentidos em alerta constante para detectar perigos ou oportunidades em um mundo desconhecido. Hoje, mesmo vivendo em um ambiente muito mais seguro e previsível, parte de nossa mente continua programada para saltar de um estímulo a outro. Esse padrão desgovernado da mente explica por que nosso poder de realização enfraquece dia após dia.

No passado, essa dispersão salvava vidas. Hoje, porém, ela se tornou um obstáculo para qualquer objetivo que exija atenção sustentada – seja concluir um projeto no trabalho, estudar para uma prova ou avançar em um plano pessoal. A boa notícia é que a atenção humana é seletiva: você pode escolher onde focar. Experimente agora mesmo: o que o impede de se concentrar na ponta do seu nariz? Provavelmente, nada! Inclusive você deve estar prestando atenção nela agora. O desafio não é começar a focar, mas manter esse foco por tempo suficiente. É o que chamamos de atenção sustentada.

Quando algo forte rouba sua atenção, seus mecanismos de memória entram em modo de proteção – você perde o foco e inicia o que chamo de "rota do esquecimento". A primeira estação da rota do esquecimento é a falta de concentração; em seguida, perdemos a capacidade de memorizar aquilo que acabamos de aprender. Esse ciclo drena nossa energia, compromete o aprendizado e prejudica seus resultados.

A qualidade da memória está intimamente ligada à qualidade de sua concentração. Quando elas trabalham juntas, aceleram e potencializam a aprendizagem. Quando se separam, instauram o caos, tornando tarefas simples – como acompanhar uma reunião ou ler um contrato – um verdadeiro desafio. Sem concentração, sua memória de trabalho (ou memória operacional) não é alimentada. Você passa a perder informações como quando a conexão da internet cai no meio de uma conversa e você deixa de entender o que está sendo dito. Nesses momentos, você:

- Não consegue seguir o raciocínio do interlocutor: "O que você estava dizendo mesmo?".
- Esquece etapas essenciais descritas em um memorando: "Ih, esqueci esta parte".
- Não lembra o nome de um cliente que acabou de cumprimentar: "Qual era mesmo o nome dele?".

Essa dificuldade não afeta apenas o aprendizado – ela também provoca lapsos de memória, popularmente conhecidos como "branco". Um lapso de memória é a incapacidade de acessar informações necessárias para executar tarefas cotidianas, deixando você frustrado e atrasando seu progresso. Sabe aquele momento em que você conduz uma reunião importante e, de repente, falta aquela palavra-chave que completaria seu raciocínio? Ou quando, no meio de uma entrevista de emprego, você simplesmente esquece metade do que planejou dizer? Esse "branco" na memória costuma aparecer nos momentos mais decisivos – justamente quando não podemos nos dar ao luxo de travar.

A falta de concentração prejudica nossa capacidade de memorizar e de recuperar informações, mas seguir em frente apesar desses bloqueios só agrava o problema. Insistir em executar tarefas sem as condições mínimas de foco e disciplina equivale a enxugar gelo – você gasta energia sem obter resultado algum e termina exausto, não apenas física, mas mentalmente. Imagine tentar secar um bloco de gelo com uma toalha: o esforço é intenso, mas o gelo permanece intacto. Da mesma forma, ler um texto sem atenção, estar disperso ao assistir a um vídeo de treinamento ou não ter foco ao somar números em uma planilha só gera fadiga mental – um cansaço profundo que mina sua produtividade e sua motivação.

Quando a indisposição se instala, a melhor resposta não é forçar a barra. Pare. Respire fundo. Afaste-se da tarefa por alguns minutos, caminhe, hidrate-se. Em vez de lutar contra o bloqueio, volte seu olhar para dentro e pergunte-se qual é a raiz dessa falta de concentração: cansaço acumulado? Ansiedade? Falta de clareza sobre o propósito daquela atividade?

Só ao identificar a causa você poderá saná-la de maneira eficaz. Caso contrário, corre o risco de transformar pequenos bloqueios em grandes derrotas – e assistir, impotente, à lenta morte dos seus sonhos.

Improdutividade: a morte dos sonhos

Uma mente desgovernada – cheia de pensamentos desconexos – anula seu poder de realização. Você ainda carrega projetos, sonhos e objetivos, mas falta a energia necessária para tirá-los do papel porque está perdido em meio a estímulos e devaneios. E é aí que começa o lento processo de morte dos sonhos: cada vez que você diz “sim” a uma distração, abre mão de um pedaço do seu foco.

Imagine um estudante de Direito ou um advogado que precisa passar horas mergulhado em códigos, doutrinas e artigos. Em vez de trabalhar em um ambiente silencioso e organizado – um verdadeiro santuário de leitura –, ele se encontra em um escritório barulhento: gente entrando e saindo, conversas paralelas, telefones tocando, televisores ligados em programas musicais e comerciais. Mesmo se trabalhar de casa, há os pequenos “companheiros” – crianças e animais de estimação – que surgem pedindo atenção. Soma-se a isso uma postura inadequada, iluminação ruim e temperatura desconfortável.

O resultado? Uma infinidade de estímulos que fragmentam a atenção, destroem o ritmo de trabalho e tornam impossível concluir qualquer tarefa com qualidade.

Quando o ambiente rouba seu foco, você perde o controle – e sem controle não há realização.

Além disso, temos em nosso cotidiano um vilão poderoso do foco: a internet. A cada notificação que chega, seja em nossos computadores ou em nossos celulares, nós paramos o que estávamos fazendo para ver do que se trata. E pesquisas indicam que isso leva a um aumento de 27% no tempo que levaríamos para terminar as tarefas interrompidas.[27]

Desse modo, ao sermos interrompidos a todo instante, simplesmente não conseguimos avançar no que precisamos fazer. Cada interrupção é um ladrão de produtividade que transforma horas de trabalho em fragmentos ineficazes. Grande parte das pessoas lê ou trabalha "do jeito que dá", sem qualquer preparação, em qualquer lugar, esperando milagrosamente atingir foco e concentração máxima. Esse desespero para dar conta das demandas faz com que aceitemos ambientes caóticos como se fossem normais.

Até mesmo os escritórios mais "inovadores" – aqueles inspirados no Vale do Silício, com mesas de pingue-pongue, música alta, skates circulando e notificações constantes – acabam criando um campo de batalha de interrupções que sufoca o raciocínio e reduz a produtividade.

É verdade que grandes ideias podem nascer em meio ao caos – Descartes provou isso em meio às trincheiras de um campo de batalha, assim como fizeram outros pensadores visionários –, mas inovação só se torna realidade quando existe espaço para disciplina e execução focada. Nossa criatividade floresce em momentos de silêncio e atenção plena; a execução exige disciplina para transformar inspiração em resultados concretos.

Por isso, nossa mente – esse picadeiro de circo superestimado – precisa de pausas reais: verdadeiros espaços de paz mental para liberar seu

---

[27] CASES, A.; TURO, S. Como o cérebro reage a notificações do celular e outros estímulos. **Nexo**, 3 maio 2025. Disponível em: www.nexojornal.com.br/externo/2024/05/03/como-o-cerebro-reage-a-notificacoes-do-celular-e-outros-estimulos. Acesso em: 6 maio 2025.

potencial criativo e produzir de fato. Não podemos mais aceitar a rotina imposta pela sociedade do "acordar, trabalhar, dormir" nem viver como zumbis digitais alimentados por conteúdos rasos nas telas dos celulares.

É hora de assumir o controle de suas escolhas e de seus pensamentos. Parece difícil? Não é. É muito possível – e é exatamente isso que vamos aprender juntos.

A partir daqui, iniciaremos a jornada rumo ao autocontrole, ao foco, à disciplina, ao equilíbrio e à paz mental – a base sólida para transformar seus sonhos em realizações concretas.

CAPÍTULO 5

Os caminhos para a blindagem emocional

Quando entro em meu modo "focado e disciplinado", quem convive comigo costuma dizer que pareço um robô – alguém inabalável, que faz o que precisa ser feito para concluir sua missão. Confesso que, antes, esse comentário me incomodava. Hoje vejo como é um elogio disfarçado. Estar nesse estado pleno de foco e disciplina significa operar em alta performance, com clareza mental e capacidade de execução que poucas coisas conseguem igualar.

Ser visto como um "robô" é, na verdade, sinal de que você está trabalhando com um plano mental totalmente racional – e isso é fundamental. Em situações cotidianas, especialmente no trabalho e na tomada de decisões, nossas emoções tendem a nos atrapalhar muito mais do que ajudar.

Pense agora: quando algo impacta seu emocional e tira você do controle, o que você faz para voltar ao equilíbrio? Pare por um instante e reflita sobre esses momentos. Como você reage diante do estresse? Quais estratégias usa para recuperar o foco?

Para ilustrar esse ponto, compartilho uma história real de alguém que viveu um forte abalo emocional. Ela estava no quarto, aguardando o marido sair do banho, quando uma mensagem apareceu no celular dele – uma troca de conversas afetivas com outra mulher. De repente, o chão pareceu sumir sob seus pés. Como você reagiria diante de uma possível traição descoberta assim?

Existem formas saudáveis de recuperar o equilíbrio – respirar fundo, refletir antes de agir e propor um diálogo sincero – e há reações explosivas que só jogam mais combustível no fogo. Infelizmente, ela escolheu a segunda opção. Quando o marido saiu do banheiro, encontrou uma esposa furiosa, chorando e atacando-o com tudo o que tinha à mão: abajures, cinzeiros, palavras cortantes. Depois de descontar toda a raiva, ligou para sua melhor amiga em busca de consolo.

O conselho recebido foi drástico: "Se fosse meu marido, eu matava". Felizmente, essa sugestão não foi colocada em prática. Em vez disso, o marido conseguiu manter a calma, abrir espaço para o diálogo e, aos poucos, reconstruíram a confiança – hoje vivem juntos mais fortes do que antes.

Mas imagine o cenário inverso: se ela tivesse permitido que a explosão emocional tomasse conta, o desfecho poderia ter sido irreversível. Esse episódio evidencia que, sob pressão, nosso primeiro impulso quase nunca é o melhor caminho – e essa capacidade de escolher nossa resposta define se conseguiremos manter foco e disciplina ou se qualquer emoção nos derrubará.

Cultivar o autocontrole não significa engolir sapos, mas sim decidir conscientemente como reagir. É optar por respostas que protejam sua paz mental e preservem o que realmente importa – seja um relacionamento, um projeto profissional ou o seu próprio bem-estar.

Assim, voltemos à pergunta do início: quando algo impacta seu emocional e tira você do controle, o que você faz para voltar ao equilíbrio?

Um olhar atento para dentro, identificando como você reage aos eventos estressores, é o primeiro passo para fortalecer o autocontrole e construir a disciplina que tanto deseja. A partir dessa consciência, você pode criar pequenos rituais capazes de neutralizar a pressão – respirar fundo por alguns minutos (você pode experimentar essa sensação agora mesmo), pausar o que estava fazendo para reorganizar as ideias ou pedir apoio a alguém maduro e emocionalmente equilibrado – ações simples que o reconduzem ao estado disciplinado e focado em que sua produtividade floresce. Eu chamo esses instantes de "momentos para aliviar a pressão": oportunidades de mudar o ponto de vista e agir com sabedoria.

Pense na válvula de segurança de uma panela de pressão: ao cozinhar, o vapor gerado pelo calor precisa escapar para evitar uma explosão. Da mesma forma, nosso organismo busca uma maneira de liberar a tensão quando atingimos nossos limites emocionais.

Algumas pessoas aliviam essa pressão com um ataque explosivo – como no exemplo da esposa traída –, o que pode gerar consequências irreversíveis ou até fatais. Outras descarregam através do choro ou de um grito, o que, embora intenso, permite que a energia seja liberada.

Mas a forma mais danosa de descarga emocional é a explosão interna – quando você engole sentimentos como raiva, frustração, decepção ou revolta, gastando uma energia imensa para manter tudo sob controle. Essa "implosão" silenciosa corrói sua saúde física e mental, drenando recursos que deveriam ser direcionados à realização de seus objetivos. No longo prazo, essa tensão não resolvida se transforma em desgaste crônico, prejudicando seu desempenho, sua criatividade e até mesmo sua capacidade de encontrar motivação para avançar em direção a seus sonhos.

O primeiro passo para ativar seu modo focado e disciplinado é reconhecer que, nessas horas de tensão, é seu lado racional – não o emocional – que precisa assumir o comando. Isso exige um olhar atento aos gatilhos ao redor e a prática constante de uma "válvula de escape" saudável – aquela estratégia que preserva sua paz interior e protege seus sonhos em vez de destruí-los.

Quando você conseguir se acalmar – idealmente após resolver o problema que o bloqueava –, retome imediatamente as etapas necessárias para executar sua tarefa com foco, disciplina e determinação (veremos adiante como se tornar um adorável robô focado e disciplinado). Se ainda não for possível avançar, aprofunde a investigação – pergunte a si mesmo: o que está impulsionando essa reação de ir contra ou fugir daquilo que realmente é importante para mim?

Solução: lutar ou fugir?

Você certamente já ouviu falar em procrastinação – e, se nunca ouviu o nome, já sentiu seu efeito várias vezes. De maneira direta, procrastinar é postergar deliberadamente uma tarefa ou compromisso. Há dezenas de definições em livros, artigos acadêmicos e revistas, mas nenhuma tão precisa quanto a de Mel Robbins em *O poder dos 5 segundos*: "Procrastinamos porque nos sentimos estressados".[28] Em outras palavras, adiamos o que precisa

---

[28] ROBBINS, M. **O poder dos 5 segundos**: saia do piloto automático, transforme sua vida, seu trabalho e sua autoconfiança agora!. Tradução de Ivar Panazzolo Junior. São Paulo: Astral Cultural, 2019. p. 165.

ser feito porque queremos fugir do desconforto que nossas próprias escolhas podem gerar.

Deixe-me dar um exemplo pessoal: quando eu era jovem, tinha um verdadeiro pavor de falar em público. Minha natureza era introvertida – eu preferia estar sozinho a enfrentar um grupo de pessoas. Na infância, isso pouco importava; eu podia simplesmente ficar na minha. Mas a vida adulta cobra outro preço: entrar no mercado de trabalho exige sair da "casca do ovo" e encarar o mundo. Depois de me formar em computação, recebi uma proposta para dar aulas em um curso livre de informática – uma oportunidade perfeita para complementar minha renda como programador. Só havia um detalhe: eu teria que falar em público. Cada convite do diretor da escola fazia minha mente reproduzir automaticamente a cena traumática da quinta série, quando quase desmaiei ao apresentar um trabalho para toda a classe.

O resultado? Toda vez que ele me convidava, eu procrastinava. Dizia "obrigado", prometia pensar no assunto e desaparecia até o próximo convite. No fundo, eu estava evitando um estresse que me paralisava. Essa história tem um final inesperado – mas antes de contá-lo, precisamos entender nosso mecanismo cerebral de "lutar ou fugir", que ajuda a explicar por que procrastinamos em vez de agir e como isso interfere em nossa disciplina.

Para isso, proponho fazermos uma viagem ao passado – mais precisamente ao período paleolítico, também conhecido como Idade da Pedra Lascada. Imagine um grupo de caçadores-coletores, sempre em alerta, atentos a qualquer sinal de perigo. Se pudéssemos observar seus cérebros em ação, veríamos o papel fundamental da amígdala – uma estrutura do sistema límbico, nosso centro emocional, que evoluiu para manter nossos antepassados vivos em um mundo cheio de ameaças.

Na prática, ao ouvir um som inesperado ou notar um movimento brusco, esses primeiros humanos enviavam esse estímulo diretamente ao tálamo. Em milissegundos, o tálamo repassava o alerta à amígdala, que avaliava instantaneamente o risco. Se fosse percebida uma ameaça, a amígdala acionava o hipotálamo, desencadeando uma cascata hormonal: hormônios como adrenalina e cortisol eram liberados pelas glândulas suprarrenais.

Esse processo químico ativava a resposta de "luta ou fuga": o coração disparava, a respiração acelerava, os músculos se preparavam para agir e toda a atenção se voltava para o perigo – tudo isso antes mesmo do córtex pré-frontal, responsável pelo pensamento racional, ter tempo de processar a situação por completo. Era exatamente assim que eu me sentia toda vez que o dono da escola de informática me convidava para dar aula a uma nova turma. Em vez de lutar, eu fugia – ou, no meu caso, procrastinava. E sabia muito bem que, mais cedo ou mais tarde, acabaria aceitando aquela oferta por pura necessidade financeira. Mas aquele impulso de evitar o desconforto, embora natural, estava me impedindo de avançar em minha carreira e de desenvolver meu verdadeiro potencial. Hoje eu entendo perfeitamente que o que eu fazia naquela época ao recusar os convites era procrastinar algo que me dava medo, um sentimento de despreparo ou pura insegurança para enfrentar uma situação com um potencial estressante.

Entenda isto: o que seu cérebro interpreta como "situação estressante" é, na verdade, percebido como uma ameaça – acionando o mesmo mecanismo de luta ou fuga dos nossos ancestrais caçadores-coletores. A grande diferença é que, hoje, quase nada do que adiamos representa um perigo real. Em vez disso, estamos fugindo do estresse cotidiano gerado pelas inúmeras demandas do dia a dia – demandas que evitamos enfrentar, muitas vezes sem sequer perceber.

Quem nunca deixou passar uma excelente oportunidade de emprego por medo de abandonar a segurança do atual? Ou deixou de pedir aquele aumento justo por insegurança? Quem nunca se calou diante do microfone em uma festa, quando todos pediam um discurso, simplesmente por receio de ser julgado? E quantas vezes você já adiou os estudos ou deixou de ler um bom livro porque a preguiça mental fez parecer difícil demais começar?

Na maioria das vezes em que procrastinamos, estamos apenas reagindo aos impulsos primitivos do nosso cérebro – e, assim, perdemos grandes chances de cultivar foco e disciplina. Em vez de lutar ou fugir, a chave é aprender a enfrentar cada desafio com inteligência, transformando cada oportunidade em um passo concreto rumo às suas metas.

Quando finalmente decidi aceitar o convite para dar aulas no curso de informática, elaborei um plano de ação claro – e o executei à risca. Nele, detalhei cada passo necessário para transformar meu medo em confiança:

- Chegar à sala antes dos alunos para me ambientar.
- Cumprimentar cada pessoa com um sorriso e um aperto de mão sincero.
- Convidá-los a se apresentarem, criando imediatamente um clima de acolhimento.
- Apresentar o conteúdo e o plano de aula preparado, pedindo sugestões para engajar todo mundo.
- Manter o foco em ser gentil e competente, demonstrando que eu valorizava tanto o tema quanto aqueles que estavam ali para aprender.

Usei disciplina para treinar minhas falas em voz alta, gravar ensaios, solicitar feedback de amigos e ajustar cada detalhe até sentir que minha insegurança não teria espaço para me paralisar.

Quando cheguei à sala, o nervosismo apareceu – tremi, gaguejei e até cometi alguns deslizes – mas, no fim, deu tudo certo. Saí dali orgulhoso de ter enfrentado meu maior medo. E, olhando para trás, só pude rir do tempo que desperdicei procrastinando aquela decisão. Foi a prova viva de que planejamento, ação focada e disciplina nos levam à superação.

Essa capacidade de olhar para dentro – observar o verdadeiro espetáculo de circo que acontece em sua mente – e, como um diretor de cena, escolher o desfecho mais apropriado não é apenas um exercício de disciplina: é um passo fundamental para sua saúde mental. Reconhecer seus próprios pensamentos e examiná-los com clareza é um ato de inteligência e libertação.

É a postura firme do domador no centro do picadeiro mental, decidindo enfrentar os "leões" dos pensamentos inquietos em vez de fugir deles. Ao assumir esse papel, você passa de espectador passivo a protagonista ativo de sua vida, direcionando sua energia para o que realmente importa e conquistando a paz interior necessária para realizar seus maiores objetivos.

O poder de pensar nos pensamentos

O cérebro humano é uma máquina incrível de criar associações. Por exemplo, quando penso em "sobremesa" e imediatamente vem à mente aquele pudim irresistível que minha sogra prepara no almoço de domingo. Quando penso em uma "viagem dos sonhos", imediatamente minha memória me transporta às pirâmides do Egito, revivendo cada momento de uma aventura incrível que passei dentro da pirâmide de Keops e que relatei em meu livro *Expandidos*.[29] Da mesma forma, quando penso em trabalho, vejo-me ajudando pessoas – e me lembro de que, quanto mais impactamos vidas, maior o crescimento de nossa empresa.

Tudo em nossa mente está conectado – nossa memória funciona como um parque de diversões de associações que moldam cada pensamento. Esses pensamentos nascem das lembranças e do contexto em que vivemos. Por exemplo, nosso personagem Eduardo, quando tinha apenas um relógio, não precisava tomar decisões complexas: ele simplesmente colocava aquele único relógio no pulso e seguia para o trabalho sem ter que pensar muito nisso. O pensamento como entidade tem um poder incrível e determina nosso sucesso ou fracasso. O poder de pensar nos pensamentos devolve o poder para as nossas mãos.

A meditação transcendental é uma técnica de meditação que usa sons, chamados mantras, para acalmar a mente e o corpo. A prática, que envolve a repetição silenciosa de um mantra personalizado, visa induzir um estado de repouso profundo e relaxamento alerta.

29 ALVES, R. *op. cit.*

Um dos melhores exemplos de foco e disciplina mental que conheço vem da meditação transcendental. Nesse método, você aprende a observar seus pensamentos como quem assiste passivamente a uma novela na televisão – sem se envolver na trama. Em estado meditativo, um pudim de leite continua sendo apenas um pudim de leite; uma viagem ao Egito permanece apenas uma lembrança; e o impulso de comprar mais um relógio se reduz a um desejo momentâneo, nada além disso. Ao transcender o pensamento, você alcança o silêncio mental – o verdadeiro estado de foco absoluto. É nesse silêncio que a mente agitada encontra descanso, a ansiedade dá lugar à calma e as emoções excessivas cedem espaço à razão. É também nesse espaço interno que as melhores ideias emergem com clareza e podem ser transformadas em ações concretas. Quando combinamos estado de presença com foco e disciplina na execução, a produtividade não apenas melhora – ela alcança níveis extraordinários.

Talvez você esteja, neste exato momento, perdido em meio a seus próprios pensamentos. Deixe-me dizer algo importante: entre todas as ferramentas que você aprenderá neste livro para fortalecer foco e disciplina, o metapensamento é aquela que mais expõe suas vulnerabilidades – e, ao mesmo tempo, a que mais o empodera.

"Meta" vem do grego e significa "ir além". Juntando-o a "pensamento", temos metapensamento: a habilidade de olhar de fora para seus próprios pensamentos, observá-los, analisá-los e compreendê-los sem se envolver automaticamente com eles. Esse exercício de vigilância interna é a essência da disciplina – e talvez a mais nobre função – da mente humana. É por meio do metapensamento que você transforma reações automáticas em escolhas conscientes, quebrando padrões de distração, preguiça, procrastinação e cultivando foco e disciplina inabaláveis.

Pensamentos são como trens de alta velocidade que percorrem os túneis infinitos de nossas redes neurais. A cada parada – as sinapses – eles formam novas conexões, dando origem a ideias que nos transportam por caminhos inéditos, em um ciclo criativo que parece não ter fim.

A pergunta essencial é: para onde esses pensamentos o estão levando? É justamente nessa reflexão que mora o segredo das pessoas disciplinadas.

A grande diferença entre alguém altamente disciplinado e quem atravessa o oceano de seus sonhos apenas para naufragar na praia da frustração é simples: a pessoa disciplinada sabe gerir seus pensamentos, enquanto quem procrastina permite que eles o controlem.

Um dos casos mais famosos de disciplina vem do jogador Cristiano Ronaldo, durante sua adolescência em Lisboa. Quando tinha 15 anos e jogava nas categorias de base do Sporting, ele morava em um dormitório longe de casa – e era aí que sua rotina de treino extrapolava qualquer expectativa. Conta-se que, muitas noites, após todos dormirem, ele furtivamente se levantava, pegava sua bola e saía para o campo vazio do centro de treinamento para praticar chutes a gol até altas horas. Não havia treinador nem plateia – apenas ele, a bola e a determinação de aperfeiçoar cada detalhe. Esse hábito de treinar sozinho, em condições nada confortáveis, exemplifica o que significa disciplina verdadeira: fazer o que precisa ser feito mesmo quando ninguém está olhando. Cristiano Ronaldo transformou esse ritual em fundamento de sua carreira, complementando treinos de equipe com sessões extras de finalização, trabalho físico e estudo de vídeos sobre técnica – um padrão que mantém até hoje em sua rotina profissional.

É provável que a mente do jovem jogador produzisse toda sorte de pensamentos, mas ele escolhia focar aquelas ideias que poderiam impulsionar sua carreira. Dominar essa arte de pensar nos pensamentos – observar, escolher, ignorar e redirecionar – é o passo-chave para transformar ideias em ações concretas e alcançar resultados extraordinários.

Veja a lógica a seguir:

Pensamento gera sentimento >> Sentimento gera comportamento >> Comportamento gera resultado.

Essa premissa, observada por Aristóteles em 384 a.C., demonstra que nosso estado interno – a forma como pensamos – tem um impacto direto nos resultados que alcançamos.

Cristiano Ronaldo, aos 15 anos, poderia ter se distraído com inúmeros pensamentos enquanto estava deitado em seu alojamento; se fosse hoje, ficaria rolando as telas das redes sociais. Essa atitude provavelmente geraria um sentimento de preguiça e desmotivação para treinar. Porém, ele escolheu focar outro tipo de pensamento: ser o melhor do mundo. Esse pensamento transformava seu sentimento, impulsionava seu comportamento e o levava a levantar da cama para treinar centenas de chutes, mesmo no meio da madrugada. O resultado? Um jogador que se transformou em um verdadeiro espetáculo em campo, conquistando diversas vezes o título de melhor jogador do mundo. Esse é um exemplo clássico de como pensar nos pensamentos pode transformar ideias em ações concretas e alcançar resultados extraordinários.

Que tipo de pensamentos passam por sua cabeça quando você tem uma lista interminável de tarefas? O que você imagina sobre seu futuro? Onde quer estar em um, cinco, dez ou vinte anos? Que vida deseja construir ao se aposentar?

Diante dessas perguntas, você tem duas escolhas claras: permitir que seus pensamentos o levem para mundos de fantasia – adiando ações e vivendo no piloto automático – ou usá-los como combustível para fazer o que for necessário e conquistar os resultados que você realmente merece. Transformar ideias em ação, dia após dia, mesmo quando for desconfortável: isso é disciplina.

CAPÍTULO 6

Os 7 passos para construir foco e disciplina

Uma frase frequentemente citada sobre disciplina afirma que "toda escolha implica uma renúncia". Embora nem toda decisão exija abrir mão de algo, o significado é exatamente esse quando falamos de disciplina: abdicar de um prazer imediato para conquistar uma recompensa maior no futuro. Um dos exemplos mais famosos desse princípio é o "teste do marshmallow". Nele, crianças recebiam um marshmallow e eram instruídas a resistir a comê-lo por quinze minutos. Se conseguissem esperar, ganhariam um segundo marshmallow como recompensa. Sozinhas em uma sala, suas reações – registradas por câmeras ocultas – ilustravam o conflito entre gratificação imediata e benefício posterior.[30] Essa dinâmica é a essência da disciplina: renunciar ao conforto momentâneo para obter algo mais valioso depois. Pergunte-se: do que você está disposto a abrir mão hoje para alcançar um objetivo maior amanhã?

Foi exatamente esse tipo de escolha que Cristiano Ronaldo fez quando trocou a cama quente do alojamento por sessões de treino extenuantes no meio da madrugada. Essa capacidade de sacrificar o curto prazo em nome de um propósito maior é o que distingue pessoas disciplinadas – e é também o que as coloca no caminho do sucesso duradouro.

Talvez você esteja se perguntando: como desenvolver disciplina de verdade? Quais hábitos precisamos adotar? Como saber se já criamos essa disciplina? E, principalmente, como resistir à tendência natural de procrastinar?

---

[30] MISCHEL, W.; EBBESEN, E. B.; RASKOFF ZEISS, A. Cognitive and Attentional Mechanisms in Delay of Gratification. **Journal of Personality and Social Psychology**, v. 21, n. 2, p. 204-218, 1972.

Como vimos, disciplina é fazer o que precisa ser feito – do jeito certo – aconteça o que acontecer. E a boa notícia é que você já pratica disciplina o tempo todo, mesmo sem perceber.

Pense comigo: levantar-se da cama todas as manhãs, por mais que seu corpo resista, é um ato de disciplina, certo? Escovar os dentes, tomar banho, olhar no espelho, vestir-se, tomar café e talvez dar uma rápida olhada nas notícias – tudo isso é rotina, mas também é disciplina em ação. Você não precisa "decidir" a cada dia fazer essas pequenas tarefas; elas já fazem parte de seu padrão de comportamento. Isso prova que você tem um enorme potencial para ser ainda mais disciplinado. A diferença entre o que você já faz automaticamente e o que você pode conquistar de verdade está em elevar essa disciplina para seus grandes objetivos. A missão a partir daqui é justamente esta: transformar sua disciplina diária – aquela que já o mantém funcional – em disciplina estratégica, capaz de impulsionar projetos ambiciosos, realizar sonhos e levá-lo a patamares que hoje parecem distantes.

Responda a si mesmo: por que você se dá ao trabalho de se levantar da cama, escovar os dentes, tomar banho, se arrumar e cuidar da aparência todas as manhãs? A resposta é simples: você não quer ser visto como preguiçoso, desleixado ou descuidado – além disso, esse pequeno esforço diário traz um ganho poderoso. Qual é esse ganho? Claro, há ganhos sociais (ser bem-visto pelas pessoas) e até financeiros (causar boa impressão aos clientes e aumentar seus resultados). Mas o maior benefício de todos é muito mais interno: você se sente bem consigo mesmo.

Sentir-se bem e confortável realizando uma tarefa é a chave para ativar seu modo focado e disciplinado. Pense em Oscar Schmidt: ele não deixava a quadra enquanto não acertasse centenas de arremessos depois do treino oficial. Não era apenas para se tornar o maior cestinha de basquete do mundo – era porque ele sentia prazer em cada arremesso. Mais uma vez, o mesmo vale para Cristiano Ronaldo: mais do que títulos, ele buscava a sensação de realização que vinha de chutar a gol noite adentro. Pense nas pessoas inteligentes que admiramos. Elas não ficam pensando se devem assistir a uma série na televisão ou ler um bom livro. Ler para elas é tão natural quanto escovar os dentes. Elas se sentem bem lendo livros. E, por fazerem isso todos os dias, elas acabam lendo dezenas de livros por ano e consequentemente colhem todos os benefícios de serem boas leitoras.

Pessoas verdadeiramente disciplinadas são aquelas que encontram felicidade no ato de fazer – mesmo quando isso exige esforço físico e emocional além dos limites comuns. É essa paixão pelo processo, não apenas pelo resultado, que sustenta a disciplina e transforma simples ações diárias em hábitos poderosos rumo à excelência.

Disciplina é simplesmente o poder da repetição. Pense em uma criança: escovar os dentes nunca é algo que ela faz por prazer – pelo contrário, costuma protestar. Mas, dia após dia, os pais insistem nesse hábito até que ele se torne automático. Quando se tornam adultas, não precisam pensar duas vezes antes de escovar os dentes: é parte da rotina.

E é exatamente isso que chamamos de disciplina – algo que, se deixarmos de fazê-lo, sentimos desconforto. A disciplina nasce da persistência em repetir ações que, embora possam parecer difíceis ou desagradáveis no início, criam um ciclo de bem-estar que reforça o comportamento. Em outras palavras, você constrói disciplina não sendo perfeito, mas persistindo nas pequenas tarefas até que elas se tornem parte natural do seu dia. Mesmo quando for sofrível no começo, cada repetição o aproxima de transformar hábitos simples em pilares de uma vida focada, produtiva e plena. Então, você finalmente começa a se sentir bem por fazer.

A seguir, elaborei um guia rápido em 7 passos – uma mentalidade poderosa que utilizo todos os dias para manter meu foco e disciplina em constante ebulição – que você pode implementar imediatamente na sua rotina. Cada passo foi pensado para transformar intenção em ação e levar você de onde está hoje para onde realmente quer chegar.

Passo 1 • Defina aonde você pretende chegar

Perguntar a alguém aonde quer chegar pode soar clichê – mas basta olhar ao redor para ver que a maioria vive um dia após o outro sem um plano de longo prazo. Quando finalmente definem uma meta – seja tornar-se jogador de futebol, senador, empresário, médico de sucesso ou até participante do Big Brother – raramente fazem algo concreto para alcançá-la.

A verdade é que você pode ser quem quiser, desde que tenha foco e disciplina para transformar esse desejo em ação. Essa é a diferença entre quem apenas quer e quem faz acontecer.

O primeiro passo do nosso método é simples, porém poderoso: pare agora mesmo e responda com clareza: aonde você realmente quer chegar nesta vida? Onde deseja estar em cinco, dez ou vinte anos? Qual legado quer construir?

Não estou falando apenas de status ou bens materiais. Talvez seu maior objetivo seja simplesmente ser feliz, ter liberdade ou construir um refúgio para descansar. O que importa é que, do ponto A – onde você está hoje – ao ponto B – seu destino final – existe uma jornada concreta a ser percorrida. A diferença entre sonhadores e realizadores está em um único fator: a disciplina de fazer o que precisa ser feito, dia após dia.

Agora, faça este exercício: pegue uma folha em branco e imagine que você já alcançou seu objetivo (ponto B). Por exemplo, vamos imaginar que você escolheu ser senador da República. Descreva todas as etapas que foram necessárias para chegar a esse cargo – não apenas "candidatar-se" e "vencer a eleição", mas cada pequena ação: formação acadêmica, construção de rede, elaboração de propostas, campanhas, debates, articulações políticas etc.

Esse exercício de desconstrução (inverter a ordem e ir do ponto B ao ponto A) revela o verdadeiro volume de tarefas que compõem qualquer grande conquista. Ele fornece a base mínima para montar um plano de ação detalhado – seu roteiro para o sucesso –, e é esse plano que você vai executar com foco e disciplina.

Experimente agora um exercício simples – mas transformador – com o seu verdadeiro objetivo em mente. Pegue uma folha em branco e responda: onde você deseja estar quando alcançar essa meta? Em seguida, liste todas as etapas que teria de percorrer para chegar lá – sem pesquisar, sem consultar ninguém, apenas com base no que você já sabe hoje.

Esse é um exercício intuitivo que revela seu ponto de partida real. No meu curso Estudo e Memorização, direcionado a concurseiros, peço aos novos alunos que façam exatamente isto: descrevam tudo o que já conhecem sobre o cargo que desejam ocupar. Esse "mapa mental" inicial mostra imediatamente se eles estão preparados ou se precisam aprofundar seus estudos.

A partir desse levantamento – esse roteiro mínimo – construímos juntos um plano de estudo detalhado, passo a passo, alinhado ao seu nível de conhecimento atual. Com foco diário e disciplina na execução desse plano, nossa taxa de aprovação dispara.

Agora é sua vez: desenhe seu caminho no papel, identifique lacunas e transforme essa visão em um plano concreto. Essa clareza é o primeiro passo para substituir sonhos por resultados reais. A seguir, apresentarei um exemplo completo desse plano de ação para o cargo de senador. Use-o como modelo para criar seu próprio mapa rumo à realização de qualquer objetivo que escolher.

PLANO DE AÇÃO PARA SER SENADOR DA REPÚBLICA

1. Clareza de propósito

Por que você quer ser senador? Defina com profundidade o propósito de sua candidatura. O que você quer mudar? O que você representa? Quem você quer servir? Ter essa clareza vai guiar todo o resto.
Ação: escreva um manifesto pessoal de uma página. Liste os problemas sociais que você quer resolver. Escolha uma ou duas causas principais.

2. Construa reputação e autoridade

O eleitor vota em quem conhece e confia. Antes de pensar em voto, pense em visibilidade com credibilidade. Isso significa fortalecer sua presença pública, seja como escritor, educador, ativista ou empreendedor de impacto.
Ação: fortaleça seu nome em redes sociais (comece por Instagram, YouTube e LinkedIn). Publique artigos, vídeos e livros que mostrem sua visão de Brasil. Dê palestras, participe de debates e esteja presente na comunidade. Trabalhe em projetos reais: ONGs, movimentos, associações, conselhos.

3. Alie-se a um partido político

No Brasil, só se pode concorrer a cargos políticos por meio de partidos.
Ação: pesquise os partidos existentes e escolha o que mais se alinha a seus valores e bandeiras. Torne-se membro e seja ativo no partido – comece em diretórios municipais ou estaduais. Estabeleça conexões com líderes locais e nacionais do partido.

4. Monte uma equipe estratégica

Ninguém vence eleição sozinho. Você vai precisar de pessoas estratégicas a seu lado: marqueteiro político, advogado eleitoral, gestor de campanha, analista de redes, voluntários e conselheiros.
Ação: crie um núcleo inicial com amigos comprometidos. Traga para perto especialistas em campanhas eleitorais. Envolva profissionais que acreditem em sua visão.

5. Prepare-se para a pré-campanha
Hora de intensificar sua presença e conquistar mentes e corações.
Ação: aumente sua visibilidade nas redes com conteúdos de valor. Participe de eventos políticos e sociais com regularidade. Crie um plano de comunicação, com linguagem clara e proposta de país. Comece a captar apoiadores e possíveis doadores.

6. Campanha oficial
É o momento de virar a chave e acelerar com tudo.
Ação: lance sua candidatura com um evento forte (on-line e presencial). Apresente sua proposta legislativa clara, simples e impactante. Visite cidades, participe de entrevistas, promova debates. Use estratégias digitais como tráfego pago, vídeos virais, lives e grupos de apoio.

7. Eleições e pós-eleições
Depois da campanha, a colheita. Mas a jornada continua.
Ação: no caso de vitória, prepare sua equipe de transição e alinhamento com o Senado. No caso de não ser eleito, continue ativo. Todo passo fortalece sua caminhada para o futuro.

Objetivos claros alinham sua atenção e eliminam dúvidas sobre o que fazer primeiro. No exemplo citado, você tem um passo a passo bem detalhado para se inspirar. Neste caso, falta agora incluir foco e disciplina e realizar cada uma das etapas. Para isso, veja o próximo tópico.

Passo 2 • Crie rotinas fixas

Lembre-se de que você já é uma pessoa disciplinada – todos os dias você prova isso ao se levantar, escovar os dentes, se arrumar, preparar sua refeição e seguir para o trabalho ou estudo. Essas tarefas ocupam tempo, mas você as faz porque, no fundo, elas trazem bem-estar.

Agora é hora de encaixar em sua rotina as novas atividades que vão levá-lo ao próximo nível – à vida de seus sonhos. Toda escolha implica renúncia, e renunciar aqui significa abrir espaço em seu dia para o que realmente importa. Então pergunte-se: o que você está disposto a deixar de lado para encontrar tempo para suas metas?

Para responder a essa pergunta, faça um mapeamento completo de seu dia – do momento em que acorda até a hora de dormir. Liste cada atividade, por mais simples que pareça. Em seguida:

1. Entenda seu dia: veja exatamente como você gasta suas horas.
2. Identifique o essencial: destaque o que realmente agrega valor a sua vida.
3. Encontre os ladrões de tempo: reconheça hábitos ou tarefas que consomem energia sem trazer resultados – são elas que vamos substituir.
4. Crie rotinas fixas: defina blocos de tempo para suas novas tarefas prioritárias, usando foco e disciplina para executá-las sem distrações.

Darei um exemplo pessoal para ilustrar como identificar e eliminar ladrões de tempo – e reforçar a importância da disciplina.

Eu adoro assistir a filmes e séries. Como escritor, encontro inspiração nessas cenas: elas alimentam minhas ideias e enriquecem meus textos. Mas, se parar para analisar honestamente, perceberá que essa etapa – maratonar – é a que mais rouba horas preciosas de meu dia. Cada temporada que eu termino poderia se transformar em dezenas de páginas escritas para meu livro. Por isso, quando estou no prazo de entrega para a editora, faço uma escolha clara: substituo horas de streaming por horas dedicadas à escrita.

É um sacrifício temporário, porque sei que, assim que enviar meu manuscrito, poderei voltar a assistir as minhas séries favoritas – sem culpa, sem procrastinação. Essa decisão exemplifica exatamente o que significa disciplina: ter força moral para sustentar escolhas difíceis e fechar a porta para tudo que não contribui para seu objetivo. Ao manter esse foco, você transforma cada minuto em progresso real rumo a seu sonho.

Outro ponto essencial que já discutimos é que disciplina nasce da repetição consistente de uma rotina que o faz se sentir bem. Agora, você precisa inserir suas novas tarefas no mapa diário de atividades e repeti-las até transformá-las em bons hábitos. Talvez sua agenda já esteja cheia – talvez você dependa de um emprego que paga suas contas –, mas existe um tempo extra que ninguém costuma usar: o período após o expediente.

Como costuma dizer um grande amigo, o Dr. Roberto Shinyashiki, "o sucesso reside naquilo que você faz depois das 18h". Enquanto a maioria se joga no sofá para ver TV ou navegar no celular, quem chega ao topo aproveita todo tempo livre existente para avançar em seus projetos – seu plano B rumo à realização.

Imagine sua rotina: você chega do trabalho às 18h30, janta às 20h, resolve algumas tarefas domésticas e fica livre por volta das 21h. Se costuma dormir às 22h30, tem cerca de uma hora e meia disponível. Defina esse período como seu bloco fixo de trabalho no projeto que realmente importa. Com foco, disciplina e técnicas de otimização de tempo – fazer mais em menos tempo – você verá que esses noventa minutos podem produzir resultados muito maiores do que horas dispersas. O plano é simples: em vez de falar sobre o que pretende fazer, coloque a mão na massa. Comece agora com foco e disciplina.

Passo 3 • Proteja seu espaço

Pesquisas recentes confirmam o que muitos de nós já sentimos na pele: distrações matam produtividade. Em um estudo pioneiro da professora Gloria Mark, da Universidade da Califórnia, foi observado que uma pessoa pode ser interrompida, em média, a cada três minutos – e, pior ainda, leva cerca de 23 minutos para recuperar o mesmo nível de concentração após cada interrupção. Além disso, essa mesma pesquisa revelou que, em ambientes comuns de escritório, o foco ininterrupto dura apenas onze minutos antes que algo nos distraia.[31]

Imagine o impacto disso em seu dia: cada notificação, cada conversa paralela ou cada olhar ao celular equivale a um "buraco negro" que drena quase meia hora de seu tempo produtivo. Organizar seu espaço de trabalho, silenciar alertas e reservar blocos fixos para trabalho profundo não são meras sugestões – são estratégias comprovadas de foco e disciplina para recuperar até 80% do tempo que você perderia com interrupções.

Ao proteger seu espaço de trabalho e estruturar sua rotina para minimizar distrações, você transforma minutos dispersos em horas de foco verdadeiro. Esse ganho exponencial de eficiência não apenas acelera a execução de tarefas, mas também libera energia mental para projetos maiores – e, no fim das contas, faz toda a diferença entre quem apenas deseja sucesso e quem realmente o alcança.

---

[31] LAMOTTE, S. Estudo mostra como não ter atenção desviada das tarefas e manter o foco. **CNN Brasil**, 18 jun. 2023. Disponível em: www.cnnbrasil.com.br/saude/estudo-mostra-como-nao-ter-atencao-desviada-das-tarefas-e-manter-o-foco/. Acesso em: 6 maio 2025.

Passo 4 • Use o metapensamento

Ao falar de espaço de trabalho, precisamos lembrar também de nosso espaço mental – o terreno dos conflitos internos e dos pensamentos que germinam nele. Como já vimos, pensamentos intrusos e desconexos desviam você da meta, alimentam estados limitadores como medo e ansiedade e o arrastam para o confortável – porém letal – mundo da procrastinação.

Gerenciar esses pensamentos é, na prática, proteger e blindar seu universo interior. O metapensamento – a habilidade de observar seus próprios pensamentos – é o caminho para identificar quando você está vagando em devaneios. Em meu treinamento Memória Blindada, ensino 85 técnicas de memorização para evitar esquecimentos, mas também uma estratégia simples e poderosa para retomar o foco.

No instante em que sua mente dispara um pensamento intruso, pergunte-se: "Esse pensamento me aproxima ou me afasta de meu objetivo?". Se percebê-lo como distração, agradeça à mente pelo aviso e deixe o pensamento passar.

Imagine que você está elaborando a lista de clientes para apresentar um novo produto. Surge o pensamento: "E se ninguém comprar?". Não brigue com sua mente ou lute para mudar esse pensamento. Simplesmente reconheça-o, agradeça a sua mente por sinalizar um possível risco – e volte imediatamente ao trabalho. Simples assim. Esse ato de observar sem reagir fortalece seu autocontrole, reforça sua disciplina e mantém você no caminho certo: focado, produtivo e disciplinado. Sempre avançando em direção a seus resultados.

Passo 5 • Priorize o mais difícil primeiro

Imagine cinco caixas alinhadas à sua frente – cada uma a ser carregada cem metros até um armazém. A primeira pesa apenas dois quilos, e a última, impressionantes cinquenta quilos. Se você começar pela mais leve, irá caminhar cem metros, guardar a caixa, voltar outros cem metros e repetir esse trajeto até chegar na mais pesada... quando, inevitavelmente, já estará exausto demais para concluir a tarefa.

Agora, inverta a ordem: carregue primeiro a caixa de cinquenta quilos. Ao finalizar, cada caixa subsequente será progressivamente mais fácil. A cada conclusão, seu corpo libera doses de serotonina e dopamina –

os neurotransmissores do bem-estar – reforçando seu senso de conquista e energia.

Essa mesma lógica vale para sua produtividade diária. Identifique seu pico de energia – geralmente nas primeiras horas da manhã – e reserve esse momento para a tarefa mais desafiadora do dia. Por exemplo, se precisa preparar uma apresentação crucial para um cliente, agende-a para às 8h, quando sua mente está mais alerta.

Muita gente define como meta adotar uma dieta saudável e praticar exercícios para controlar o peso – mas acaba deixando a atividade física para o fim do dia, depois de um expediente exaustivo. Encarar uma sessão na academia depois de horas de trabalho exige uma força de vontade enorme, e não raro esse compromisso cai no esquecimento, minando a confiança e quebrando metas. Como você se sente quando falha em cumprir um objetivo importante? Provavelmente não muito bem. Esse desconforto – aquela sensação de frustração e autocrítica – é um sinal claro de que algo precisa mudar em seu planejamento.

Em vez de deixar o exercício para quando sua energia já estiver no limite, experimente reservar um bloco fixo logo pela manhã, quando seu nível de alerta e motivação estão naturalmente mais altos. Começar o dia encarando seu desafio mais difícil não só aumenta as chances de cumprir a meta, como também gera um impulso positivo que alimenta sua disciplina ao longo de todo o dia.

Lembre-se: disciplina não é sobre depender de motivação – é estruturar seu tempo para eliminar obstáculos antes que eles surjam.

Vencer o maior obstáculo logo no início gera impulso e confiança para todas as etapas seguintes do seu projeto. Esta é a essência do foco e da disciplina: enfrentar primeiro o que exige mais de você para que o resto do caminho se torne cada vez mais leve – e cada conquista, cada pequeno avanço, alimente sua motivação para seguir adiante.

Passo 6 • Estabeleça microcompromissos

Lembra daquela caixa de cinquenta quilos que teria que carregar direto para o armazém? Confesso: eu, que peso 74 quilos, não conseguiria levantá-la sozinho. Mas isso não significa que eu desistiria da tarefa. Quando me vejo diante de um grande desafio, lembro-me do meu professor da quinta série que sempre dizia: “A cabeça foi feita para pensar”.

Em vez de encarar a missão como impossível, eu dividiria o trabalho em etapas menores – mesmo que isso significasse fazer várias viagens extras. Grandes projetos são desafiadores justamente porque são a soma de muitas pequenas tarefas. Ao fragmentar qualquer grande tarefa em etapas pequenas e gerenciáveis, você cria microcompromissos que derrubam a resistência mental e eliminam a procrastinação. Talvez você esteja pensando: "Mas isso não vai atrasar a realização do meu sonho?". Sim, pode aumentar o prazo; mas qual é o problema nisso?

Lembre-se: a verdadeira felicidade não está apenas no destino final, mas na qualidade da jornada. Uma caminhada mais longa, porém prazerosa e equilibrada, vale infinitamente mais do que alcançar um objetivo à custa de sangue, suor e lágrimas. Quando você honra cada pequeno passo com foco e disciplina, transforma o caminho em parte de seu sucesso – e isso, sim, é o que faz cada conquista realmente valer a pena.

Começar pequeno não diminui a importância do objetivo; pelo contrário, torna o caminho mais claro e viável. Cada viagem até o armário seria um passo concreto rumo à conclusão – e antes que perceba, aquele desafio de cinquenta quilos terá se transformado em várias conquistas simples e acumulativas.

Passo 7 • Revise e ajuste

Você já se perguntou qual é o segredo da excelência? Seja em um hotel em que se hospeda, em um personal trainer que contrata, na padaria onde toma seu café da manhã, na aula que assiste ou no atendimento de um salão de beleza – onde mora a excelência? Se você parar para refletir, perceberá que a excelência está nos detalhes.

Quando um profissional se dedica meticulosamente a cada aspecto da tarefa que realiza, demonstra um verdadeiro espírito de entrega. Cuidar dos detalhes é se entregar com paixão ao que se faz. Imagine um médico que o atende com brilho nos olhos, cheio de empatia, curioso e atento a cada informação; esse é um exemplo claro de foco e disciplina. Dominar os detalhes significa amar aquilo que se faz. Por outro lado, quem executa uma tarefa de maneira mecânica, "empurrando com a barriga", fica sujeito à falta de foco, ao esquecimento e aos erros – o que leva inevitavelmente ao retrabalho.

Se você realmente ama o que faz, existe uma maneira de mensurar se está dando seu máximo: tornando-se obcecado por conhecer, aprender, aprofundar-se e cuidar de cada pequeno detalhe. Essa dedicação é a melhor prova de foco e disciplina, pois permite identificar erros, corrigir métodos, ajustar direções e seguir em um processo contínuo de melhoria.

Minha recomendação é que você integre essa prática em sua rotina. Dentro dos processos que você estabelecer para conquistar seus objetivos, haverá momentos para revisar e ajustar. Nem tudo sai perfeito de primeira, e reconhecer quando estamos fora do rumo é fundamental para o crescimento.

Ao final do dia, reserve cinco minutos para anotar o que funcionou e o que atrapalhou seu foco. Em seguida, planeje uma melhoria simples para o dia seguinte. Por exemplo: "Hoje me distraí com notificações; amanhã deixarei o celular fora do alcance durante meus blocos de foco". Esse feedback constante transforma tentativa e erro em aprendizado acelerado e o aproxima cada vez mais da excelência.

Disciplina é persistência, e a persistência nasce da repetição. Com o tempo, essa repetição o leva cada vez mais para perto da perfeição. Aplique este manual por sete dias consecutivos e observe como seu poder de realização se expande. Você merece viver com foco, disciplina e conquistar resultados concretos.

CAPÍTULO 7

Foco e disciplina nas relações humanas

No caminho rumo ao foco e à disciplina, você inevitavelmente enfrentará desafios e interações com diversas pessoas. Muitas delas notarão sua transformação e seu empenho, enquanto outras podem duvidar de sua capacidade de alcançar resultados. Acostume-se com as críticas! Elas virão de todos os lados, muitas vezes com o objetivo de mantê-lo preso ao pequeno mundo em que essas pessoas vivem. A verdade é que grande parte delas sofre de uma preguiça tanto física quanto mental e não acredita que o sucesso seja fruto de iniciativa e atitude.

Além disso, o sucesso exige colaboração, e a capacidade de se comunicar bem é essencial. A qualidade de sua comunicação – interna e externa – pode determinar se você atingirá seus objetivos. Reflita: tudo o que você conquistou até hoje está, de alguma forma, ligado a seu modo de se comunicar? Se a resposta for negativa, saiba que ela, na verdade, é decisiva.

Uma comunicação de qualidade é a base para uma vida plena, seja no diálogo interno – onde você processa estímulos, memórias, crenças e valores –, seja na comunicação externa – ao interagir com os outros.

Imagine a seguinte situação: você é católico, faz parte de uma família tradicional e sempre seguiu essa fé. Certo dia, um grande amigo o convida para integrar a maçonaria, um convite inusitado e difícil de recusar. Nesse momento, sua mente passa por um processo decisório:

1. Você estava tranquilo e seguro em relação à sua fé.
2. Surge o convite inesperado (*input*).

3. Sua mente avalia a proposta e precisa decidir como responder.
4. Ela consulta suas memórias, crenças e valores sobre a religião e sobre o que foi dito a respeito da maçonaria.
5. Inicia-se um intenso diálogo interno, e a paz que antes reinava é abalada.
6. Você precisa dar uma resposta a seu amigo (*output*). Responder imediatamente pode encerrar o debate interno, enquanto protelar prolonga o desgaste emocional.

Esse exemplo ilustra como a forma de se comunicar – tanto consigo mesmo quanto com os outros – pode determinar se você preserva sua paz interior ou se vai se perder em um debate prolongado e desgastante. Observar e ajustar suas reações por meio do metapensamento é crucial para evitar que decisões precipitadas comprometam seu foco e, consequentemente, seus resultados.

Diante de uma situação como a anterior ou qualquer uma que coloque à sua frente uma oportunidade que desafia suas crenças ou sua rotina, você tem em mãos três possíveis reações:

1. Aprender a dizer não

Se você está satisfeito com o grupo religioso ao qual pertence ou com a rotina que vive, por exemplo, pode agradecer o convite e explicar, de modo gentil, que no momento está plenamente satisfeito com o que tem. Ao recusar, você economiza energia e preserva seu estado mental, direcionando o foco para o que realmente importa.

2. Ter a mente aberta para novas experiências

Outra opção é aceitar o convite imediatamente e se lançar nessa nova vivência sem medo, experimentando o novo com a liberdade de, se necessário, voltar atrás sem se sentir culpado.

3. Procrastinar

Essa é a pior escolha. Adiar uma resposta – mesmo que, no fundo, você saiba que ela seria "não" – apenas prolonga o debate interno e gera preocupação e angústia, desgastando sua energia.

Se você escolhe a primeira opção, dizendo "não" porque está satisfeito com sua religião ou rotina, o desgaste de energia será menor e sua mente permanecerá tranquila, permitindo que o foco se direcione para outras demandas. Dizer "não" é uma comunicação externa que, ao mesmo tempo, alivia seu processamento interno. É nesse momento de lucidez, entre o estímulo recebido e a ebulição dos estados emocionais, que você decide se seguirá adiante ou cortará um problema desnecessário pela raiz.

Aprender a dizer "não" é um método simples e eficaz para manter sua mente em paz e preservar seu foco. É preciso recusar certos convites - dos amigos, da família, do ambiente de trabalho e até dos aplicativos viciantes -, pois aceitar todos eles cria compromissos que apenas drenam sua energia vital e sabotam seus objetivos.

Além disso, vimos diversos fatores que geram distração, perda de foco e prejudicam a produtividade, como o excesso de informação, as escolhas erradas, os hábitos negativos e os pensamentos desordenados. O ambiente, aliado a nossas escolhas, estimula o cérebro e determina os estados mentais que experimentamos.

Existem diversas estratégias para acalmar a mente e alcançar o autocontrole - respirar fundo, contar até dez, praticar atividade física, meditar, ou simplesmente contemplar a natureza. Contudo, essas técnicas, embora eficazes para aliviar a tensão momentânea, muitas vezes atuam apenas como paliativos, sem tratar a raiz do descontrole emocional.

Por exemplo, se você está satisfeito com a religião que frequenta e recebe um convite para conhecer outra, a melhor solução é cortar o problema pela raiz. Agradeça o convite e explique que, no momento, não deseja mudar. Se, por receio de chatear a outra pessoa, você adia a resposta, o conflito interno se instala e a causa já não pode ser facilmente eliminada.

Saber dizer "não" é, portanto, um jeito inteligente de manter sua mente em paz e preservar o foco no que realmente importa. Mas não para por aí: a solução também está na antecipação dos problemas, na habilidade de encerrar conflitos antes mesmo que comecem.

Você pode estar satisfeito com seu emprego, mas aceitar um convite que o obrigue a mudar tudo; pode ter as finanças sob controle, mas se comprometer a financiar algo que não cabe em seu orçamento; pode estar tranquilo em seu canto, mas ceder a pedidos que o arrastam para responsabilidades desnecessárias.

As escolhas que fazemos são profundamente influenciadas pelo círculo social com o qual convivemos. Quando um grupo de pessoas começam a sugar sua energia e a pressioná-lo, é natural que você deseje se isolar.

A solução fundamental para conquistar o autocontrole, o foco e a disciplina está na forma com a qual você lida com os relacionamentos. Aprender a se comunicar com clareza e firmeza é crucial. Como Baltasar Gracián disse no século XVII, "dirigir homens é uma ocupação trabalhosa". Hoje, com valores morais muitas vezes esquecidos e padrões de comportamento distorcidos, essa tarefa se torna ainda mais desafiadora.

Conquistar o autocontrole significa aprimorar sua habilidade de se relacionar e de compreender as pessoas. Se você aprende a lidar com as causas dos conflitos, o efeito negativo não se concretiza, e você preserva sua paz mental.

Convido você a investigar a raiz dos problemas em seus relacionamentos e a buscar a verdadeira harmonia dos estados mentais. Transforme o momento entre o estímulo recebido e a explosão das emoções em um instante de reflexão – pense antes de reagir, responda com ponderação, preserve a ordem de suas emoções e mantenha o controle.

Pessoas equilibradas sofrem muito menos, porque suas decisões são lúcidas e firmes. Suas escolhas, mesmo diante dos desafios, são as que, de fato, fazem a diferença. E se você está disposto a investir na melhoria constante de sua comunicação – tanto interna quanto externa – você estará, ao mesmo tempo, cultivando a paz mental e abrindo caminho para a realização de seus maiores objetivos.

Veja com os olhos de Cristo

Certamente você já ouviu falar sobre pessoas difíceis. Talvez até conviva com alguém assim – uma pessoa resistente a tudo o que você pensa, diz ou faz. Mas como você reage a essas situações? Como lida com esses comportamentos que frequentemente representam obstáculos em seu caminho rumo à realização de sonhos e objetivos?

Muitas vezes, a resistência imposta por uma pessoa difícil é tão intensa que chega a alterar nosso humor, causando a perda de controle emocional. É como enfrentar um goleiro habilidoso que bloqueia todas as suas jogadas, impedindo que você marque um gol e siga em frente.

Na verdade, uma pessoa difícil é alguém (e nisso incluo você e eu) que reage negativamente diante de uma situação que a pressiona ou incomoda. Ninguém nasce difícil; as pessoas tornam-se assim quando reagem contra algo que lhes causa desconforto. As pessoas não SÃO difíceis, elas ESTÃO difíceis. Nesse ponto, muitos homens costumam apresentar esse comportamento. Em relacionamentos entre marido e mulher, ou mesmo entre pais e filhos, o homem frequentemente adota uma postura de fechamento e resistência quando algo não está bem.

Durante um workshop que conduzi recentemente, vivi uma situação que ilustra bem esse ponto. No intervalo, fui abordado por uma mulher claramente aflita, que me relatou um problema familiar:

— Você pode conversar com meu pai? Ele parece estar em conflito constante. Conversa pouco conosco, vive reclamando, nada está bom o suficiente para ele. Parece sempre de mal com a vida. Não consigo entender!

Perceba que a filha estava profundamente incomodada com o comportamento do pai. A preocupação gerada por essa situação provavelmente tirava seu foco, afetando sua produtividade e paz mental. Como ela poderia lidar com isso?

A resposta está naquele momento decisivo que mencionamos anteriormente: aquele breve instante entre receber um estímulo (*input*) e reagir emocionalmente (*output*). Esse é exatamente o momento em que o autocontrole deve ser acionado. Eu pessoalmente utilizo uma energia que chamo de "Olhar da Benevolência", ou ainda, "Olhar de Cristo".

Independentemente das crenças religiosas de cada um, Cristo é reconhecido historicamente por valores fundamentais como altruísmo, paciência, humildade, amor ao próximo e empatia. Então, diante de situações como essa, pergunto: como Cristo agiria?

Cristo ensinou inúmeras lições em seus sermões no Livro de Mateus, especialmente sobre o altruísmo e a paciência. Ao olhar o conflito da filha com o pai sob essa perspectiva, aprendemos que não devemos julgar uma pessoa por seu comportamento momentâneo. As pessoas não são os comportamentos que manifestam; elas apenas reagem a estímulos internos e externos. É como a história do leão furioso com uma farpa espetada na pata, cuja raiva era apenas uma reação à dor. Da mesma forma, aquele pai provavelmente estava reagindo a algo que o pressionava.

Felizmente, pude conversar com ele durante um almoço no dia seguinte. O senhor me revelou que estava enfrentando uma doença grave e, por isso, vinha se afastando dos filhos aos poucos, diminuindo a dependência deles de sua proteção – proteção que ele acreditava não ser capaz de oferecer por muito mais tempo.

Quando escolhemos observar as pessoas acreditando no melhor delas, adotamos uma postura privilegiada que preserva valores como paciência, compreensão e benevolência. Valorizar esses atributos é valorizar o próprio ser humano. Veja este outro exemplo prático:

Um pai e seu filho foram à banca comprar jornal. Ao chegar, o pai cumprimentou o jornaleiro educadamente, mas este, além de não retribuir a gentileza, entregou-lhe o jornal de maneira rude, sem dizer uma palavra sequer. O pai, sorrindo, desejou-lhe um bom fim de semana. No caminho de volta para casa, o filho questionou:

— Pai, ele sempre o trata com tanta grosseria?
— Infelizmente, sim.
— E você é sempre tão educado com ele?
— Sim.
— Mas por que você continua sendo gentil se ele é tão mal-educado?
— Porque não quero que o humor dele determine como eu devo agir.

Sempre que você concentra sua atenção em comportamentos negativos, acaba por reforçá-los. Talvez o filho, nesse exemplo, já estivesse pensando em formas negativas de reagir. No entanto, o pai ofereceu uma valiosa lição sobre compaixão e paciência, evitando assim conflitos desnecessários.

Você provavelmente já viu amizades antigas terminarem apenas porque um dia uma das partes apresentou um comportamento difícil. Ao julgar alguém como se fosse o comportamento momentâneo que manifestou, apenas reforçamos atitudes negativas que ferem e criam mágoas. Lembre-se: se você age com grosseria, é provável que receba grosseria de volta; se oferece gentileza, é natural que receba gentileza também.

Adotar o "Olhar com os olhos de Cristo" não é apenas uma técnica ou exercício; é um compromisso real com sua qualidade de vida e com ambientes mais harmoniosos. É uma maneira inteligente de enxergar a vida, mantendo o autocontrole mesmo em situações difíceis. Alguns talvez considerem essa postura antiquada ou careta. Mas posso assegurar: as pessoas que pensam assim estão quase sempre anestesiadas mentalmente, reagindo de maneira automática e impensada a cada estímulo negativo.

Não se esqueça: é preciso refletir antes de reagir. Uma reação automática, disparada pela emoção, apenas agrava as situações, gerando rancores, tristezas e isolamento. Como sabiamente disse Dalai Lama: "A não violência é uma atitude especificamente humana. Ela repousa no diálogo, na compreensão e no conhecimento do outro, na aceitação das diferenças, na tolerância e no respeito mútuo. É motivada por um espírito de abertura e de reconciliação".

Com essa importante ferramenta, todas as áreas de sua vida estarão alinhadas com seus sonhos e necessidades. Foco e disciplina são frutos diretos da sua capacidade de manter suas emoções sob controle, evitando dispersões negativas e mantendo-se firme no caminho rumo a seus objetivos.

CAPÍTULO 8

Metas para desenvolver o autocontrole

Para desenvolver o autocontrole, você precisa valorizar o bom convívio social. Uma das principais ferramentas para isso é a empatia – ou seja, a habilidade de se colocar no lugar do outro e tentar compreender seus sentimentos diante das circunstâncias vivenciadas por ele. Embora esse exercício mental seja desafiador, ele vale a pena, pois amplia suas qualidades pessoais e fortalece seus relacionamentos.

A seguir, você encontrará onze metas de autocontrole que vão ajudá-lo a enfrentar melhor confrontos e crises nas relações pessoais. Ao aplicá-las, você cria um ambiente mental protegido das pressões sociais, profissionais e afetivas que frequentemente dominam nossa mente, provocando desequilíbrio emocional e falta de foco.

Essas onze metas são simples e não exigem exercícios complexos, apenas disciplina e comprometimento com seu maior objetivo: manter o controle da atenção voltada àquilo que realmente importa para sua vida.

Meta 1 • Evite comparações

Quem nunca ouviu na infância a famosa pergunta: "Espelho, espelho meu, existe alguém mais bela do que eu?". A rainha malvada do conto Branca de Neve e os sete anões passou a vida inteira recebendo de seu sincero e impiedoso espelho a mesma resposta cruel: "Branca de Neve é a mais bela entre as mulheres".

O sonho dessa rainha era ser considerada a mais bonita entre todas as mulheres, por isso desejava profundamente eliminar sua rival. Se Branca de

Neve não existisse, aquele espelho talvez fosse mais generoso com ela – afinal, a rainha não era propriamente feia. A megera envenenou Branca de Neve com uma maçã, mas o plano fracassou. A bela moça despertou do sono com o beijo de um príncipe apaixonado.

Mesmo que trouxéssemos essa história para os dias de hoje, e a rainha frequentasse os melhores centros de estética, malhasse por horas, mudasse a cor dos cabelos, fizesse cirurgia plástica e aprendesse dança do ventre, ainda assim ouviria a mesma frase desanimadora: "Branca de Neve ainda é a mais bela". Ela poderia quebrar o espelho, despedir o maquiador, contratar o melhor cirurgião plástico – nada mudaria essa realidade. O que a rainha não percebia é que seu rival era, na verdade, seu espelho. Toda vez que olhava para a beleza da jovem, a rainha enxergava apenas suas próprias imperfeições. E foi assim que morreu, sem realizar seu sonho.

As pessoas à nossa volta são como espelhos: por meio delas percebemos nossas qualidades, mas também nossos maiores defeitos. Observe atentamente um grupo de dança durante uma apresentação. Mesmo sorrindo e em perfeita sintonia, vez ou outra alguma dançarina discretamente olha para as outras para verificar se está acompanhando os passos corretamente. As demais são espelhos que a ajudam a melhorar. Ao observar os outros e seguir códigos sociais de conduta, conseguimos reconhecer quem somos, como agimos e se nosso comportamento está adequado.

Observar o próximo é uma maneira silenciosa e eficaz de avaliar nossas próprias reações, corrigir falhas e manter o autocontrole. Contudo, nem todos têm a mesma reação diante desses espelhos humanos. Algumas pessoas sofrem excessivamente porque distorcem o que veem refletido nos outros. Um bom exemplo disso é o ambiente de trabalho. Um funcionário inseguro que observa o desempenho insatisfatório de um colega pode se sentir aliviado, pensando: "Ótimo, sou melhor do que ele!". Mas se percebe que o outro é mais competente, pode se aborrecer profundamente e, como a rainha malvada, querer destruir o "espelho" que revela aquilo que não deseja ver.

Viver em sociedade implica, de certa forma, fazer comparações. Quando conhecemos alguém, naturalmente comparamos nossa situação com a do outro. Dessas comparações surgem conclusões que, se mal interpretadas, geram angústia, frustração ou até irritação. Ao se comparar com alguém mais jovem, pode surgir o pensamento: "Estou envelhecendo...". Diante de alguém mais velho que usa roupas despojadas, talvez você pense: "Ridículo, está se achando jovem!".

É necessário muito cuidado ao nos compararmos com os outros, sobretudo nas redes sociais, pois frequentemente surgem sentimentos como desejo ou inveja. A rainha malvada, ao perceber que jamais alcançaria a beleza de Branca de Neve, se viu dominada pela inveja, pela frustração e pelo sofrimento – sentimentos que se tornaram repetitivos e destrutivos. O problema nunca está no que observamos, mas sim na interpretação que damos ao observado. É aqui que entram outra vez o "anjo e o diabo" no picadeiro de nossa mente.

Comparações podem, porém, produzir sentimentos positivos e nobres, como amor, compaixão, altruísmo e cooperação. É possível olhar para alguém pedindo esmolas no semáforo e julgá-lo negativamente: "Que vagabundo!". Mas também é possível ter uma visão empática e dizer: "Tenho muito e ele, nada. Posso ajudá-lo a sair dessa triste situação".

A identificação positiva de uma comparação pode gerar orgulho ou até mesmo prepotência. Por outro lado, aspectos negativos podem levar à tristeza ou depressão. A melhor saída, portanto, é evitar comparações. Olhar para esses espelhos humanos sem sofrer exige lucidez, serenidade e prudência.

Observar o comportamento dos outros pode nos fornecer importantes diretrizes, padrões de conduta e ajudar a definir nossas metas. Crianças fazem isso frequentemente: é como se dissessem "mostre-me o que devo fazer". Isso é bom! O problema surge quando apenas observamos sem agir. Por isso, é fundamental ter iniciativa para mudar.

Uma meta importante para o autocontrole é não se deixar levar pela tentação das comparações. O olhar comparativo deve sempre vir carregado de empatia, e não de julgamento moral ou estético. Ao agir dessa forma, você alcançará um aprimoramento surpreendente em suas relações interpessoais e terá mais paz para manter o foco e a disciplina nas atividades que realiza. Permanecer longe das comparações é não precisar viver como a infeliz rainha da história da Branca de Neve.

Meta 2 • Faça sua parte sem esperar nada de ninguém

Quando estamos chateados, revoltados ou decepcionados com alguém, sempre aparece uma avó bondosa, uma irmã prestativa ou um amigo sincero com o conselho clássico: "Pare de brigar e trate os outros como você gostaria de ser tratado".

Então, decidimos seguir essa orientação e começamos a tratar as pessoas da melhor forma possível. Tornamo-nos dedicados, prestativos, compreensivos, zelosos, agindo com gentileza e boa educação. Entretanto, quando chega nossa vez de receber esse mesmo tratamento, muitas vezes percebemos que as pessoas não estão dispostas a retribuir toda a atenção que lhes oferecemos. Daí até um disparo emocional de ira ou decepção é um passo curto.

A sabedoria popular aconselha: "Trate os outros como gostaria de ser tratado...", e poderia acrescentar: "... mas não seja ingênuo a ponto de esperar retribuição".

Temos, sim, o dever ético de retribuir as gentilezas recebidas, mas é fundamental compreender que essa reciprocidade nem sempre ocorrerá da forma ou no tempo que desejamos. É comum encontrarmos pessoas que sofrem justamente porque suas ações não são correspondidas conforme esperam. Essa necessidade constante por reconhecimento gera estados mentais negativos, impedindo que elas percebam com clareza o que é realmente importante e quais são suas verdadeiras prioridades. Em contrapartida, a pessoa resolvida, convicta de suas escolhas e genuinamente altruísta, não tem essa carência de reconhecimento e, por consequência, sofre menos.

Compreenda isto: resistir à ânsia por reconhecimento é um comportamento nobre. Renunciar ao excesso de vaidade e preferir os bastidores em vez dos holofotes favorece diretamente o autocontrole e a paz interior. Relacionamentos humanos são uma verdadeira arte que depende essencialmente de bom senso, equilíbrio, empatia, compreensão e respeito pelas singularidades individuais.

Portanto, renunciar ao desejo constante por reconhecimento e abraçar humildemente sua missão é um caminho seguro para o sucesso nas relações interpessoais. Estenda a mão a quem precisar, sem esperar reconhecimento imediato. Faça sua parte seguindo valores universais como bondade, altruísmo, honestidade, ética, respeito e verdade. Acredite: ao agir assim, você estará no caminho da verdadeira paz mental.

Meta 3 • Alcance a realização pela humildade

Um dos maiores erros que cometemos é confundir humildade com submissão. Submissão é o ato de aceitar passivamente uma autoridade, regra ou força imposta de maneira dominadora. É o comportamento daquele que se coloca voluntariamente em uma posição inferior, dependente e servil.

Já a humildade representa algo totalmente diferente. É uma virtude que nos permite reconhecer nossas fraquezas e limitações com serenidade e clareza. Enquanto a crítica nos expõe de maneira brusca, nos pega de surpresa e deixa vulneráveis, o humilde age com sabedoria, reconhecendo antecipadamente suas imperfeições e trabalhando para corrigi-las. Quem é humilde não precisa temer o julgamento crítico, pois já fez antes a tarefa de autoanálise e aprimoramento.

O humilde aborda todos ao redor com humanidade, respeito e até mesmo uma dose saudável de reverência, sem discriminação de classe, crença ou posição social. Se você quer saber se as pessoas humildes conseguem se comunicar e influenciar melhor os outros, ouça o que dizem os psicólogos: "As pessoas ficam mais receptivas àquilo que será dito quando começamos admitindo humildemente que também estamos longe da perfeição".

A humildade, quando aliada à boa educação, pode realizar verdadeiros milagres nas relações humanas. Essas duas virtudes caminham juntas, formando a chave mestra para o sucesso pessoal e profissional. O maior exemplo disso vem de Jesus Cristo, que, segundo o pesquisador Augusto Cury, "se fez pequeno para tornar grandes os pequenos".[32] Sua sabedoria e inteligência emocional eram reveladas justamente por sua humildade.

É fundamental compreender que, para cada ação, existe um efeito. A humildade nos fortalece, enquanto a crítica excessiva e a submissão constante nos enfraquecem. Um exemplo claro disso são as mulheres do século XXI, que conquistaram força e espaço justamente quando decidiram deixar de se submeter ao domínio masculino. Hoje, os homens reconhecem e experimentam o verdadeiro poder, inteligência e a força que as mulheres mantiveram ocultos durante séculos de submissão.

Todos nós possuímos algum talento especial, mas devemos ser sutis ao demonstrá-lo para outras pessoas. Quem fala demais, muitas vezes erra. No

---

[32] CURY, A. **O mestre do amor**: análise da inteligência de Cristo. São Paulo: Academia de Inteligência, 2002. p.51

ambiente profissional é necessário valorizar nossas qualidades e competências, mas nas relações sociais, ostentar tais características pode ser perigoso. Sempre baseei minha vida social, acadêmica e profissional em uma sábia frase atribuída a Lord Chesterfield: "Seja mais sábio que as outras pessoas, se puder; mas nunca lhes diga isso".

Portanto, nunca, em nenhuma circunstância, nem por brincadeira, diga diretamente aos outros que você sabe mais, faz melhor ou domina mais determinado assunto. Evite demonstrar superioridade material, física ou intelectual diante das pessoas pelas quais sente afeto. Essa atitude pode ferir, humilhar e criar distanciamento, especialmente porque muitos sonham, mas poucos conseguem realizar suas aspirações.

Se precisar mostrar suas conquistas, faça isso de maneira discreta e elegante. Lembre-se sempre: a verdadeira humildade é sinal de inteligência emocional, ajuda a evitar conflitos desnecessários e fortalece suas relações sociais.

Meta 4 • Aprenda a receber críticas

Existem pessoas que nos criticam com a intenção sincera de nos alertar sobre escolhas erradas que fizemos ou estamos prestes a fazer. Outras fazem críticas porque encontraram nesse gesto uma forma de chamar nossa atenção; no fundo, desejam nosso bem. Toda crítica, quando parte de pessoas sábias, honestas e bem-intencionadas, pode ser interpretada como um conselho ou mesmo como um privilégio.

Um provérbio grego diz que "as pessoas são como tapetes: de vez em quando precisam ser sacudidas". Se levássemos esse ditado para todas as situações que vivemos, poderíamos criar um terreno fértil para o desentendimento e a hostilidade nas relações humanas, já que essa "sacudida" geralmente ocorre em momentos delicados, e ninguém gosta de ser criticado.

Para quem é mais discreto ou autoprotetor, a crítica tem o poder especial de levantar um véu, expondo todas as fraquezas escondidas. Quando alguém que não gosta de você usa a crítica como arma, o objetivo é o desabono. Esse tipo de crítica pode ser devastador, pois revela vulnerabilidades que preferíamos manter ocultas.

No entanto, a crítica também representa uma grande oportunidade. Quando paramos para analisar cuidadosamente o comportamento que está sendo criticado, temos uma excelente chance de crescer. Por exemplo, ao final de meus seminários, costumo pedir aos alunos que me enviem feedback.

Recebo centenas de mensagens com elogios e agradecimentos, mas quando surge uma crítica, presto atenção redobrada, pois ali pode estar uma chance valiosa de melhoria.

Algumas pessoas sofrem demais com as críticas porque têm o hábito de associá-las automaticamente à censura, à depreciação ou à reprovação. Mas existe um lado positivo na crítica que pode ser visto claramente se mudarmos nosso foco. Tornamo-nos mais fortes quando aprendemos a ouvir com humildade aquilo que nossos críticos têm a dizer.

Por exemplo, quando um motorista buzina para você enquanto atravessa distraidamente uma rua, ele não está tentando assustá-lo ou acusá-lo de distração. Pelo contrário, está alertando sobre um possível perigo, prevenindo um acidente. Esse é o exemplo claro de alguém que nos critica para nosso bem.

Além disso, é essencial analisar a fonte da crítica e entender melhor a intenção de quem está nos criticando. Algumas pessoas têm boa intenção, mas não sabem se expressar de maneira adequada. Muitas vezes nos sentimos recriminados porque essas pessoas, mesmo querendo ajudar, não encontram outra forma de expressar sua preocupação. É comum observar esse comportamento nas relações familiares, especialmente entre cônjuges ou entre pais e filhos.

Por outro lado, há críticos ferrenhos e mal-intencionados, que têm como único objetivo nos prejudicar. Eles fazem críticas sem fundamento ou responsabilidade alguma. Aprender a lidar com esse tipo de crítica é essencial. Não é difícil vencê-los; basta uma pequena dose de paciência, uma pitada de equilíbrio e bom senso a gosto. Responder às provocações dessas pessoas seria admitir que estão vencendo; portanto, é prudente saber ignorá-las.

Porém, é preciso ter cuidado para não confundir bom senso com passividade. Bom senso é a habilidade de discernir antecipadamente o certo e o errado, o verdadeiro e o falso. Quem age com bom senso tem a sabedoria como guia e sente-se em paz com sua decisão de não reagir. Já a passividade leva à submissão, ao sentimento de culpa e derrota.

O verdadeiro segredo do autocontrole está justamente em aprender a não interpretar toda crítica como algo negativo ou depreciativo. Pelo contrário, é importante enxergá-las como uma oportunidade de mudança e crescimento pessoal. Portanto, ouça com atenção os críticos honestos, preste atenção às suas mensagens e aproveite os ensinamentos que eles têm a oferecer.

Meta 5 • Não critique

Eis aqui um paradoxo: enquanto o tópico anterior nos ensina a receber críticas, este nos orienta justamente a não criticar. Se saber aceitar críticas é um sinal de humildade e inteligência, evitar fazê-las demonstra uma pessoa cautelosa, dotada de bom senso e sabedoria – qualidades essenciais para quem tem autocontrole com foco e disciplina.

Se você deseja realmente motivar alguém, saiba que a crítica não é o recurso mais apropriado. Interesses e necessidades guiam as ações humanas no cotidiano. Dessa forma, o desempenho das pessoas nas atividades diárias está diretamente ligado ao grau de motivação. A maioria das pessoas não se sente motivada por críticas, mas sim pelo afeto, elogio, reconhecimento, recompensa, desafio ou por prêmios.

Em relação à comunicação, é importante lembrar que toda mensagem emitida gera uma reação por parte de quem a recebe. Quem se comunica com respeito colhe admiração e reconhecimento. Napoleon Hill dizia: "Basta um segundo para fazermos uma censura, mas quem a recebe pode levar uma vida inteira para esquecê-la".[33]

Essa afirmação também é validada pelos mecanismos neurais do cérebro, pois nossa memória é um sofisticado sistema de proteção que grava com facilidade qualquer experiência que cause sofrimento ou desconforto. A crítica, especialmente quando interpretada como censura ou desvalorização, provoca sentimentos negativos como tristeza ou ira, que são rapidamente arquivados pela memória. Dessa forma, quem recebe uma crítica jamais esquece nem o que ouviu, nem quem falou.

Agora, reflita sinceramente: você tem o hábito de criticar filhos, irmãos, parentes, amigos, colegas de trabalho, clientes, seu cônjuge ou outras pessoas de seu convívio? Está acostumado a reclamar frequentemente, ou a fazer críticas às pessoas ausentes? Se sua resposta é sim, talvez esteja perdendo lentamente a confiança dos que estão a sua volta, destruindo suas relações e afastando pessoas importantes de sua vida.

O senso comum reprova quem critica constantemente, rejeita quem fala mal dos outros e evita aqueles que só reclamam. Para a sociedade, pessoas assim não são dignas de confiança ou respeito. Você confiaria uma informação

[33] CHIARADIA, I. **Frases e afins**. São Paulo: Humano Editora, 2011.

importante a alguém maledicente ou acostumado a criticar os outros? Com certeza não. Afinal, ninguém confia plenamente em quem age assim.

Quem faz críticas impiedosas geralmente torna-se alvo de críticas igualmente duras e até de chacotas. Pode ser considerado prepotente ou o "chato" da turma, adquirindo estigmas como "rabugento", "senhor sabe-tudo" ou "dono da verdade", tornando-se alguém indigesto para a maioria das pessoas.

Por outro lado, existe aquele tipo especial de crítico que age com a intenção genuína de ajudar. É como o bom samaritano da parábola de Cristo, que foi apresentado como exemplo de bondade. Observações feitas por pessoas com boas intenções, conforme discutido na meta 4 – "Aprenda a receber críticas", podem trazer ensinamentos valiosos.

Entretanto, é preciso ter serenidade e discernimento para identificar esse tipo específico de crítico. De maneira geral, a sociedade não o reconhece, muitas vezes recebendo suas observações com hostilidade ou considerando-as como intromissão.

É fundamental compreender que quem recebe uma crítica, mesmo bem-intencionada, pode sentir-se fragilizado e exposto em suas vulnerabilidades. É muito raro que a pessoa criticada permaneça passiva. Ao contrário, é comum que reaja de maneira defensiva, condenando o crítico ao isolamento e banindo-o rapidamente do grupo.

Portanto, antes de fazer qualquer crítica, pare, reflita profundamente e, se for necessário, decida-se pelo silêncio. Tome como exemplo Ayrton Senna, lendário piloto de Fórmula 1, que certa vez, ao ser questionado por um repórter sobre sua resistência em conceder entrevistas, respondeu que, se não tinha algo positivo a dizer, preferia permanecer em silêncio.

Para desenvolver o autocontrole e obter sucesso nas diversas áreas da vida – como pai, mãe, profissional, gestor ou comunicador –, é imprescindível observar com cuidado todos os conselhos e críticas que dirigimos às pessoas ao redor. Uma grande transformação ocorre quando nos tornamos comunicadores conscientes. Ao espalharmos diariamente sementes positivas em nossas relações, garantimos colher apenas os melhores frutos, desfrutando assim do privilégio de uma colheita abundante e tendo motivos reais para celebrar.

Meta 6 • Não julgue

Você já reparou que julgar é o mesmo que dar uma sentença? Que, quando julgamos alguém, estamos assumindo o papel de um árbitro que decide sobre os atos e intenções das outras pessoas? Julgar sem evidências é o caminho mais rápido para gerar crises e perder o controle emocional, porque não existe meio-termo: todo julgamento é sempre um veredito!

Quando feito precipitadamente ou sem fundamento, o julgamento pode transformar uma conversa simples em um grave desentendimento. Por isso, julgar não é uma característica do nosso anjo mental, mas sim daquele pequeno diabo interno que às vezes nos atormenta.

Jesus ensinou claramente: "Não julgueis, para que não sejais julgados". O julgamento, segundo a sabedoria popular, é um hábito dos tolos, não dos sábios. E por um motivo muito simples: quem julga alguém deve tomar cuidado, pois, ao apontar defeitos no outro, está, na verdade, expondo a si mesmo.

Vou explicar melhor. Fiz um teste com os participantes de meus seminários sobre técnicas de memorização para empresários. Pedi a cada pessoa que escrevesse em uma folha de papel três características negativas sobre seus superiores. Literalmente, forcei-os a julgar. Você também pode fazer esse teste agora, antes de continuar a leitura. Complete a frase abaixo com três características negativas que você vê em seu chefe ou em alguém que tenha autoridade sobre você:

O meu chefe é...

....

Feito isso, pedi aos participantes que lessem silenciosamente o que haviam escrito e respondessem, com absoluta sinceridade, à seguinte pergunta: "Essas características negativas que você apontou em seu chefe também existem em você?". Para surpresa geral, todos reconheceram em si mesmos as mesmas características que haviam apontado nos outros.

Um dos participantes havia escrito: "egoísta, covarde e vaidoso". Ao refletir sobre isso, ele ficou perplexo ao perceber que tinha acabado de descrever a si mesmo. Ele admitiu, com certa surpresa, que também era egoísta, covarde e extremamente vaidoso. Assim, percebeu que seu julgamento refletia diretamente suas próprias características. Isso é semelhante àquele velho ditado popular: “Quando apontamos um dedo para alguém, outros três dedos apontam para nós mesmos”.

É exatamente assim que funciona o julgamento. Não conseguimos julgar alguém sem primeiro buscar em nossa própria experiência aquelas características que consideramos erradas. Isso acontece porque o ser humano só reconhece aquilo que já conhece dentro de si. Quando entendemos essa verdade, em vez de nos irritarmos com críticas e julgamentos recebidos, podemos até achar graça, pois percebemos que quem nos julga está apenas revelando seus próprios defeitos.

Quando alguém diz: “Você é arrogante, folgado e preguiçoso”, sabemos, no fundo, que a pessoa está projetando sobre nós sua própria imagem. Mentalmente você pode pensar: “Eu sou apenas um espelho refletindo sua própria imagem”.

Estamos constantemente interagindo com esses espelhos humanos – as pessoas ao redor. O que vemos refletido no rosto delas é, muitas vezes, a reação ao sentimento que nós mesmos expressamos por meio de nossas atitudes.

Com um pouco de atenção, bom senso e paciência, você será capaz de conhecer melhor as pessoas com quem se relaciona. Perceberá que, dependendo do julgamento feito pelo outro, talvez seja ele quem precise mudar e quem necessite de ajuda. Pensando e agindo assim, você preserva seu equilíbrio emocional, evita conflitos desnecessários e mantém o controle nas situações mais desafiadoras.

Meta 7 • Aprenda a receber conselhos

Há pessoas que não gostam de receber conselhos e outras que os acolhem como quem ganha um bilhete premiado. É perfeitamente razoável admitir que um conselho valioso, vindo em um momento difícil ou de conflito, pode ajudar a encontrar a saída em um labirinto de indecisões, mudando radicalmente a vida para melhor.

A sabedoria popular nos ensina que conselhos são fontes preciosas de informação e aprendizado. E, quando oferecidos por pessoas qualificadas, tornam-se verdadeiros privilégios. Mas, se receber bons conselhos é algo tão positivo, por que tantas pessoas resistem a aceitá-los? Por que alguns líderes e comunicadores chegam até mesmo a repudiar os chamados “palpiteiros de plantão”?

Millôr Fernandes, com seu bom humor característico, tentou explicar esse fenômeno ao dizer que "o vago sentimento de ofensa que você sente ao receber um conselho vem do fato de perceber que o outro sabia, o tempo todo, que você estava entrando em uma roubada". Millôr estava próximo da verdade, mas não é só isso.

Algumas pessoas investem muito tempo e dinheiro na própria imagem, criando um mundo fantasioso para demonstrar superioridade ou diferenciação. Outras insistem em afirmar um modo original de ser, construindo castelos sustentados por rótulos, grifes e atitudes cuidadosamente planejadas. A vida dessas pessoas parece perfeita até o momento em que surge um conselho franco e realista. E sabe o que acontece quando recebem um conselho assim? Toda aquela ostentação pode cair por terra, revelando a fragilidade por trás da máscara. É aí que vem a irritação.

Quem teme perder a reputação de "sabe-tudo" repele veementemente qualquer conselho, afastando os conselheiros de sua vida. Algumas pessoas ainda têm receio de que sua privacidade seja invadida ou que precisem alterar seu estilo pessoal. Outras, devido ao excesso de comodismo, resistem fortemente a mudanças. Dizem os acomodados: "Se já faço desse jeito há tanto tempo, para que mudar agora?". Já os orgulhosos ou aqueles que relutam em mudar seu modo de pensar preferem argumentar: "Imagine só o que vão pensar de mim se eu fizer isso!"

A verdade é que a excelência não é para qualquer pessoa. Um dos grandes segredos do autocontrole é estar sempre disposto a aprender, mesmo que o conselho venha de uma criança. Indivíduos bem-sucedidos em diversas áreas têm uma característica em comum: apreciam ouvir conselhos e valorizam a opinião dos outros. Quando alguém oferece um conselho, eles estão atentos e interessados.

Portanto, se você deseja desenvolver autocontrole com foco e disciplina, precisa compreender que o conhecimento nunca é suficiente e reconhecer que há sempre algo novo para aprender. Ouvir conselhos é aproveitar novas experiências e crescer intelectualmente sem precisar errar primeiro. Mesmo que naquele momento o conselho não pareça oportuno, pode tornar-se valioso em outra situação.

Meta 8 • Não aconselhe

Não aconselhar é uma maneira simples de preservar os relacionamentos. Quando você fala aos outros para o bem deles, isso é conselho. E quando eles falam algo para o seu bem, pode soar como intrometimento. Com certeza você já ouviu alguém reclamar que "fulano adora colocar o nariz onde não é chamado".

Essa queixa popular tem sua razão de ser. Algumas pessoas, ao verem alguém concentrado na tentativa de resolver um problema difícil, sentem-se impulsionadas a ajudar. Se elas conhecem um caminho aparentemente mais simples, não resistem à tentação de sugerir uma solução imediata. Porém, quando o conselho é dado com um tom de superioridade ou prepotência, pode provocar no outro um sentimento de humilhação. Esse é justamente um dos aspectos negativos de aconselhar sem ser solicitado.

Talvez você tenha notado um paradoxo aqui, especialmente em relação à orientação anterior, que era "aprender a receber conselhos". Antes, eu recomendei receber bem os conselhos, agora sugiro que você evite dá-los. Você pode estar se perguntando: "Afinal, qual é o objetivo do autor?". Vou explicar melhor.

Distribuir conselhos gratuitos sem solicitação é uma das formas mais comuns de expressar nosso desejo de sermos úteis. Temos a necessidade natural de colocar em prática tudo aquilo que acumulamos em nossa memória ao longo da vida. Contudo, o hábito de aconselhar sobre tudo e a todos pode trazer sérios riscos.

Para aqueles que têm prazer em distribuir conselhos, tenho uma sugestão valiosa: coloque todas suas ideias, opiniões e orientações no papel e escreva um livro. Assim, seus conselhos alcançarão pessoas verdadeiramente interessadas e dispostas a colocá-los em prática.

Se você compreendeu bem o tópico anterior, percebeu que é sábio receber conselhos, pois isso nos torna flexíveis e mais experientes. Contudo, também é importante entender que dar conselhos nem sempre é uma atitude positiva, especialmente quando não é solicitado. Isso parece contraditório, mas a verdade é que há momentos para receber e oferecer ajuda.

Às vezes, a boa intenção de auxiliar sem que alguém peça pode mais atrapalhar do que ajudar. Por exemplo, uma mãe que antecipa tudo o que o filho precisa pode acabar retardando seu desenvolvimento. Um dos motivos que levam uma criança a desenvolver a fala é justamente a necessidade. Se ela for logo atendida, sem precisar se expressar verbalmente, não sentirá essa necessidade e poderá demorar mais para falar.

Muitas pessoas gostam de desafios e sentem-se motivadas a encontrar, sozinhas, as soluções para seus problemas. Porém, quando alguém chega com uma resposta pronta, a satisfação e o prazer de superação acabam se perdendo.

Os jovens geralmente são idealistas e gostam de desafios. Eles adoram descobrir soluções originais para problemas comuns. No entanto, muitos adultos com boas intenções acabam intervindo cedo demais, oferecendo respostas prontas e limitando a criatividade dos jovens. É importante deixar que a pessoa busque primeiro uma solução própria para só então, caso necessário, oferecer ajuda. Dessa forma, a pessoa decidirá por si mesma se aceita ou não seu auxílio.

Portanto, como regra geral, aconselhe apenas quando solicitado. Oferecer conselhos sem que seja pedido pode colocá-lo em risco de ser mal interpretado ou visto como intrometido. Pior ainda: suas sugestões não solicitadas podem interferir em valores e crenças profundamente enraizados, gerando desconforto e até conflitos.

Claro que nem todos os conselhos são ruins, e nem todas as pessoas os rejeitam. Um indivíduo maduro, ocupado e com muitos compromissos provavelmente aproveitará melhor as sugestões. Um verdadeiro líder raramente recusa uma boa dica. Aliás, esse é um segredo dos grandes comunicadores e líderes bem-sucedidos: eles ouvem atentamente conselhos para poupar tempo e energia, mas só os dão quando é realmente preciso, a fim de não gerar desgastes desnecessários.

E o que fazer quando for realmente preciso aconselhar?

Resistir à vontade de dar conselhos pode ser desafiador, especialmente para pessoas experientes. Isso exige grande esforço e uma vigilância constante para não cair na tentação de distribuir suas opiniões. Contudo, há momentos específicos em que é preciso intervir com clareza e precisão para resolver situações críticas. São ocasiões nas quais há muito em jogo, tanto para você quanto para quem recebe o conselho. Nesses casos, ao perceber que alguém está cego para acontecimentos importantes, ofereça seu conselho, mas faça-o sempre com serenidade, respeito e sabedoria.

Leia a seguir algumas situações específicas nas quais pode ser importante dar opiniões ou conselhos:

a. **Só aconselhe ou opine quando for convidado**

As pessoas geralmente pedem conselhos quando enfrentam dificuldades para escolher uma alternativa ou se sentem incapazes de tomar decisões sozinhas. Por isso recorrem à opinião dos outros. Colegas de trabalho, parentes ou amigos podem solicitar sua opinião para ajudá-los a fazer uma melhor escolha. Nesses casos, ofereça toda sua experiência e aconselhe à vontade.

b. **Só aconselhe se a pessoa for humilde e aberta a receber opiniões**

A predisposição da pessoa para aceitar opiniões é fundamental para manter um relacionamento saudável. Indivíduos receptivos, humildes e sem preconceitos absorvem melhor as sugestões que recebem. Eles não se ofendem com o que você diz, mas ficam satisfeitos e gratos por sua contribuição. Contudo, cuidado com os excessos: aconselhe com moderação e respeito.

c. **Só aconselhe quando NÃO envolver relacionamentos amorosos**

Um dos tipos mais delicados de conselho é aquele que envolve parceiros, amigos ou cônjuges de terceiros. Por exemplo, se você acredita ter o dever de alertar uma amiga que está sendo traída, dizendo algo como "Fulano não serve para você, ele está te traindo...", pode acabar provocando uma crise nesse relacionamento, voltando até mesmo as pessoas envolvidas contra você. Ainda que diga a verdade, há pessoas que preferem não acreditar no que ouvem ou já sabem e fazem vista grossa por diversos motivos. Em questões amorosas, siga o antigo e sábio ditado popular: "Em assunto de marido e mulher, não se mete a colher".

d. **Só aconselhe quando a pessoa não for capaz de encontrar uma solução sozinha**

É comum encontrar pessoas sem iniciativa ou com pouca experiência, incapazes de tomar decisões por conta própria. Algumas sequer sabem como pedir ajuda e precisam ser observadas com atenção e sensibilidade para perceber quando precisam de orientação. Um exemplo é o funcionário que tem medo de admitir falta de competência ao chefe. O medo de perder o emprego pode impedi-lo de buscar ajuda. Fique atento e perceba quando alguém precisa de sua intervenção.

e. **Só aconselhe quando a vida da pessoa estiver em risco**

É verdade que algumas lições importantes são aprendidas quando enfrentamos dificuldades. Elas contribuem para nosso crescimento. No entanto, em situações extremas, como aquelas que envolvem risco à vida, não é prudente permitir que as pessoas aprendam por meio do sofrimento excessivo. Especialmente quando se trata de filhos ou familiares, é essencial ter sensibilidade e bom senso para intervir com segurança e protegê-los.

f. Só aconselhe quando houver risco de grande perda material

Pequenos prejuízos financeiros podem ajudar a desenvolver responsabilidade. Um jovem que gasta todo o dinheiro da mesada de maneira irresponsável pode aprender melhor a valorizar seus recursos após enfrentar uma pequena escassez. No entanto, se você perceber que alguém está prestes a tomar uma decisão que causará sérios prejuízos materiais, não hesite em alertá-lo, pois uma grande perda financeira pode gerar tristeza profunda e até depressão.

g. Só aconselhe quando as ações da pessoa colocarem seu patrimônio ou sua vida em risco

Se perceber que alguém está tomando atitudes que podem comprometer seu patrimônio ou colocar sua saúde em risco, não fique em silêncio. Por exemplo, se um gerente da sua empresa negocia com fornecedores desonestos ou funcionários compram refeições de restaurantes sem higiene adequada, intervenha rapidamente. Nessas situações, seu conselho é fundamental e deve ser dado com segurança e clareza.

h. Só aconselhe quando NÃO for possível provocar mudanças radicais no modo de pensar e agir do outro

Evite dar conselhos que possam transformar radicalmente o pensamento ou comportamento da outra pessoa. Isso pode confrontar sua individualidade e, no futuro, causar arrependimento ou dependência. Se ela aceitar o conselho sem estar realmente convencida, poderá responsabilizá-lo por suas futuras dificuldades. Prefira incentivar as pessoas a decidirem por si mesmas, mantendo sua autonomia e responsabilidade.

i. Só aconselhe quando o conselho NÃO envolver decisões de longo prazo

Dar conselhos sobre decisões importantes de longo prazo, como escolha profissional ou mudanças significativas de vida, pode ser arriscado. Caso seu conselho não traga a satisfação esperada, você pode acabar sendo responsabilizado pelo fracasso da pessoa. Prefira orientar a realização de testes vocacionais ou aconselhar que a própria pessoa busque informações para embasar melhor sua decisão.

j. Só aconselhe se perceber que a pessoa está deprimida ou triste

Em momentos de tristeza profunda ou depressão, conselhos motivacionais podem ser extremamente úteis. Ainda que não tenham efeito imediato, podem gerar esperança e conforto. Estimular a pessoa a levantar-se da cama, sair de casa, praticar exercícios ou se conectar à natureza pode fazer toda a diferença. Mais importante que apenas falar, é segurar a mão dessa pessoa e ajudá-la a dar pequenos passos em direção ao bem-estar.

k. Só aconselhe se estiver em posição de liderança

Nesse caso, aconselhar faz parte do seu papel. É sua responsabilidade dar orientações claras que sirvam como diretrizes para os liderados. Se seu objetivo for conseguir cooperação e motivação, construa o conselho com delicadeza e empatia. Sensibilizar pessoas é uma arte: trata-se de convencer pela verdade e com respeito. Um subordinado sensibilizado responderá com entusiasmo, trazendo novas ideias e disposição para colaborar. Observe atentamente seu interlocutor: o brilho nos olhos é o melhor indicador de que seu conselho foi recebido com entusiasmo e gratidão.

Meta 9 • Faça declarações positivas

Proponho iniciar este tópico com um exercício bem simples: leia as frases a seguir, mas não pense nas respostas de jeito algum.

- "Cinco vezes cinco..."
- "Escreveu, não leu..."
- "Batatinha quando nasce..."
- "Quem não se comunica..."

Agora responda: o que aconteceu? É muito provável que tenha feito exatamente o contrário do que pedi. As respostas surgiram em sua mente no mesmo instante, independentemente de sua vontade. Você tentou não pensar, mas pensou! Vamos entender por que isso ocorre.

Nossa mente é preparada para processar toda sentença como positiva. Por exemplo, se eu pedir a você para não pensar em uma girafa vermelha usando óculos escuros, o que acontece? Exato, você já imaginou a girafa! Para entender o pedido, sua mente primeiro precisa criar a imagem proibida e, só depois, tentar descartá-la. A essa altura, já é tarde demais. Agora, reflita sobre o impacto desse fenômeno nas relações humanas.

Imagine alguém iniciando uma apresentação para um público de cinquenta pessoas, todas amistosas e concentradas. Educadamente, essa pessoa pede ao público que não repare na pequena mancha de café que acabou de pingar em sua camisa branca. O que acontece imediatamente após essa frase? Exatamente! O público precisa primeiro reparar na mancha para, só depois, tentar cumprir a instrução. Resultado: quem não havia reparado agora certamente reparará, e quem já tinha visto prestará ainda mais atenção na mancha. A consequência é que a mancha chamará mais atenção do que o conteúdo da palestra. Instalou-se um conflito interno.

Ao interagirmos com as pessoas, muitas vezes recebemos exatamente aquilo que não pedimos. Certa vez, por exemplo, acompanhei um amigo durante seu trabalho de venda. Ele fez um excelente atendimento e já estava praticamente com o pedido fechado. Entretanto, em um momento de descontração, virou-se para o cliente e disse: "O importante é não pensar no saldo bancário".

Nesse instante, ele emitiu um comando mental negativo ("Não pensar no saldo bancário"). Você já imagina o resultado, não é? O cliente olhou para o vazio, pensou por alguns segundos, lembrou-se dos boletos que tinha para pagar e decidiu cancelar o pedido. Ao dizer "não pense no saldo", o vendedor recebeu exatamente o que não queria. Para entender a mensagem, o cliente teve primeiro que pensar no saldo bancário.

Por isso, evite frases construídas como as seguintes:

- "Não quero que você pense em problemas."
- "Não quero que você fique preocupado."
- "Não preste atenção nisso."
- "Não pense nessa doença."

A palavra "não" pode ser usada, desde que você tenha cautela para não criar comandos mentais negativos. Ao se comunicar, prefira frases afirmativas e positivas. Por exemplo, em vez de dizer: "Não pense nessa doença", diga: "Pense em como você estaria se estivesse saudável". Em vez de dizer a uma criança: "Não quero que fale palavrão", diga: "As pessoas gostam de ouvir elogios, não palavras feias".

Devemos sempre direcionar a atenção das pessoas para aquilo que realmente é importante, destacando o lado positivo, e não reforçando aspectos negativos.

Meta 10 • Fale menos, reflita mais

Existem pessoas que adoram conversar. Algumas, quando começam a falar, não param mais, não dão oportunidade para que os outros se expressem, perdem a noção de tempo e acabam causando mal-estar. Pessoas que falam demais frequentemente aborrecem o ouvinte com seu longo falatório e logo recebem o rótulo de "chatas", pois contam tudo detalhadamente, com todos os pormenores imagináveis.

Grandes líderes e comunicadores recomendam: fale somente o necessário, pois ninguém aprecia aquele que só sabe falar de si mesmo. As pessoas excessivamente falantes adoram expor suas experiências, projetos, gostos e interesses sem serem questionadas. Compartilham suas ideias e pontos de vista espontaneamente e, às vezes, sem qualquer filtro ou percepção do ambiente.

Em geral, quem fala demais não o faz aleatoriamente. Essas pessoas escolhem alguém específico como ouvinte, apontam sua metralhadora verbal e disparam um discurso sem fim, exteriorizando ansiedades, medos, frustrações ou até mesmo partilhando alegrias e boas notícias. É como se precisassem de uma válvula de escape; alguém que as escute para evitar uma explosão emocional.

Frequentemente, essas pessoas gostam de discutir assuntos polêmicos em momentos inoportunos, não dão espaço para o interlocutor manifestar-se e, o pior, não conseguem perceber os sinais evidentes de impaciência, insatisfação ou aborrecimento daqueles que as escutam.

Quando alguém não está interessado em ouvir o que temos a dizer, geralmente emite sinais claros, tais como levantar as sobrancelhas lançando um olhar desdenhoso; torcer o canto da boca; bocejar; olhar para todos os lados menos para quem está falando; batucar com os dedos; consultar o relógio constantemente; apoiar a cabeça sobre a mão demonstrando tédio; responder "pois é..." por preguiça ou até mudar abruptamente o assunto.

Imagine alguém que começa a explicar tudo o que sabe sobre clonagem humana, mas é bruscamente interrompido por uma pessoa que diz: "Falando nisso, preciso fazer minha matrícula no curso de espanhol". Enquanto um fala de clonagem, o outro pensa em aulas de espanhol. Essa mudança repentina é um sinal inequívoco de desinteresse pelo assunto original.

É importante entender que comportamentos como esses não devem ser vistos simplesmente como descaso. Na verdade, trata-se de uma questão de prioridades. Se alguém chega ao ponto de emitir sinais de irritação ou desinteresse, é provável que naquele momento exista algo mais importante ocupando sua mente ou esperando sua atenção. O desafio real está em alinhar a disposição de quem deseja falar com a disponibilidade de quem está ouvindo, encontrando, assim, o momento ideal para a conversa.

Um amigo me contou que quase perdeu um voo porque encontrou uma conhecida no aeroporto e, gentilmente, perguntou: "Como vai?". Para seu desespero, ela começou a explicar com detalhes sua vida, empolgou-se e não deu qualquer pausa ao monólogo. Meu amigo não sabia como interrompê-la para avisar que o embarque estava prestes a encerrar. No fim, precisou sair correndo sem sequer poder se explicar.

À primeira vista, é difícil identificar uma pessoa que fala demais. Normalmente, só percebemos isso depois que o longo discurso já começou. Para sair elegantemente dessa situação desconfortável, sem irritar-se nem magoar quem está falando, proceda da seguinte forma: olhe a pessoa nos olhos, segure firme a mão dela (isso costuma fazer com que ela pare imediatamente e preste atenção) e diga gentilmente: "Perdoe-me, quero muito conversar com você, mas preciso ir". Então, explique o motivo de não poder dar atenção naquele momento, e prossiga: "Depois poderemos nos sentar com calma e discutir melhor esse assunto".

Agindo assim, você evita desgastes, aborrecimentos e ainda deixa seu interlocutor mais confortável e receptivo. Portanto, fale somente o necessário. Essa postura evita constrangimentos e exposição excessiva, algo fundamental para seu autocontrole.

Meta 11 • Na medida do possível, diga sempre a verdade

Em meados de 2002, todas as emissoras de televisão e os jornais do país noticiaram amplamente o caso de uma mulher que teve sua mentira revelada depois de dezesseis anos. Uma senhora do estado de Goiás havia sequestrado um bebê na maternidade e, para justificar o surgimento da criança em casa, inventou uma série de mentiras.

Ela enganou até mesmo o próprio marido, que, segundo as notícias da época, morreu acreditando ser o pai biológico da criança. Durante dezesseis anos, essa mulher viveu sustentando um castelo de mentiras, até o momento em que tudo veio à tona, transformando sua vida em um verdadeiro inferno psicológico. O adolescente descobriu que aquela que o criara não era sua mãe biológica. Na época,[34] esse caso ficou conhecido nacionalmente como "O caso Pedrinho".

Essa história, que teve repercussão em todo o país, traz uma lição muito importante: a mentira é um recurso que não compensa. Ela pode ser pior do que uma doença, pois muitas vezes precisa ser sustentada ao longo de uma vida inteira, corroendo lentamente a alma.

Aquela mulher viveu por dezesseis anos como alguém que carregava uma grave enfermidade mental até enfim se libertar. Certamente, ela sofreu consequências duras pela mentira: processos judiciais, a revolta da família, humilhações e muitos outros efeitos negativos. Contudo, a revelação da verdade foi um grande alívio. Arrisco dizer que, ao ver a verdade exposta, ela se livrou da dor que mantinha em segredo. Apesar de tudo, libertou-se da prisão psicológica que havia criado para si mesma.

Mentir é como firmar um pacto maligno: inicialmente, podem-se obter alguns benefícios imediatos; a respiração fica mais leve, a vida parece mais simples e as pendências imediatas são aparentemente resolvidas. Mentir é o recurso preferido do acomodado e do imediatista. No entanto, em médio e longo prazo, a mentira começa a corroer a consciência e revelar seus dolorosos efeitos colaterais.

O primeiro efeito da mentira é a própria corrosão da alma, uma doença que só desaparece quando a verdade finalmente vem à tona.

O segundo efeito é o peso que o mentiroso precisa carregar enquanto sustenta sua mentira. Trata-se de um fardo pesado, registrado na memória. A mentira é uma ficção inventada, e a memória é obrigada a manter dois registros simultâneos: a verdade – o que realmente aconteceu – e a ficção – a versão inventada. O conflito interno causado por essa duplicidade gera o peso na consciência.

---

[34] CASO Pedrinho: o bebê roubado do hospital e achado quando já era adolescente. **O Globo**. Disponível em: https://oglobo.globo.com/blogs/blog-do-acervo/post/2024/07/caso-pedrinho-o-bebe-roubado-do-hospital-e-achado-quando-ja-era-adolescente.ghtml. Acesso em: 8 jul. 2025.

O terceiro efeito é o momento inevitável em que a dívida precisa ser paga. Chega sempre o instante em que o pacto feito pela mentira será cobrado. E, quando isso acontece, o mentiroso arca com todas as consequências da revelação.

Conta-se a história de um jovem que, desde criança, tinha o hábito constante da mentira. Quando a mãe lhe pedia algo, ele mentia; quando o pai o questionava, ele inventava calúnias; quando os amigos desejavam saber algo, ele sempre tinha uma mentira pronta na ponta da língua. Mentir tornou-se uma marca pessoal, um vício compulsivo. Por muito tempo, ele sustentou suas mentiras até que, um dia, todas vieram à tona, expondo-o diante da família e dos amigos como o grande mentiroso que sempre foi. Hoje, ele paga caro pelo pacto que fez com suas mentiras: não encontra trabalho, vive isolado e não consegue conquistar a confiança ou o respeito das pessoas.

O caminho da mentira pode parecer mais confortável: é plano, suave e sem obstáculos. Por isso, é tão atraente às pessoas preguiçosas e acomodadas. Elas caminham tranquilamente, sem esforço aparente e sem encontrar resistência. O caminho da verdade, porém, é mais difícil: é íngreme, cheio de pedras e espinhos. Muitas pessoas fogem da verdade porque ela traz consigo um sofrimento imediato. A mentira, por outro lado, permite adiar a dor. Contudo, cedo ou tarde, essa dor chega, e de maneira ainda mais intensa.

A verdade pode causar desconforto apenas no momento em que é revelada, mas traz consigo paz mental duradoura. Não existe mentira leve ou pesada – todas são igualmente negativas. Tampouco existe "meia verdade", pois, se metade é verdade, a outra metade só pode ser mentira.

Entre a mentira e a verdade, escolha sempre a verdade. Abra o jogo com as pessoas, coloque as cartas na mesa. A transparência facilita muito o convívio com aqueles que fazem parte do seu círculo social. Guarde em seu coração a sábia mensagem que Jesus nos deixou:

"Conhecereis a verdade e ela vos libertará." (João 8:32)

CAPÍTULO 9

Organização, coragem e disciplina

Após construir relações saudáveis com amigos, familiares e colegas de trabalho, e compreender a importância de monitorar e escolher conscientemente seus pensamentos para aliviar a rotina, você perceberá aos poucos uma expansão do silêncio mental. A ausência de preocupações permitirá uma maior capacidade de foco, de sustentar a disciplina e gerar resultados extraordinários.

Quando sua mente está em silêncio, quando você gerencia e seleciona cuidadosamente os pensamentos que ocupam sua atenção consciente e deixa de focar coisas irrelevantes, discussões improdutivas ou argumentos sem importância, enfim assume o controle e direciona seu foco para aquilo que realmente importa. A vantagem de manter a mente no presente é conseguir perceber aquilo que poucos conseguem enxergar, incluindo as grandes oportunidades que estão ao redor.

Por exemplo, Arquimedes, o gênio matemático que viveu até o ano 212 a.C., enfrentava um grande desafio: calcular o volume de um objeto sólido irregular – especificamente, a coroa do rei Hieron, de Siracusa. Arquimedes dedicou semanas a esse problema, realizando centenas de cálculos e testando diversas teorias. Embora sua mente estivesse repleta de hipóteses, ele não conseguia chegar a uma solução.

Certa vez, para relaxar após um dia intenso de trabalho, Arquimedes decidiu tomar um banho de imersão. Ao entrar devagar na banheira cheia, sua mente estava vazia de pensamentos e completamente focada no presente. Ele pôde sentir com clareza a temperatura da água, a imersão lenta de seu corpo e o fio de água que transbordava pelo chão.

Foi nesse momento de clareza mental que Arquimedes teve uma revelação. Ele percebeu a solução simples e genial para calcular o volume da coroa: bastava mergulhá-la em um recipiente cheio de água e medir o volume que transbordava. Segundo relatos históricos, tamanha foi sua empolgação que ele saiu correndo pelas ruas, nu, gritando: "Eureca! Eureca!", ou seja, "achei".

Todos os dias, você também tem a chance de encontrar seu próprio momento "Eureca". Você tem um potencial real para descobrir soluções incríveis para os desafios que surgem em sua vida. Porém, para isso acontecer, precisa aprender a gerenciar seus pensamentos e manter o foco adequado.

Outro exemplo que destaca a importância de manter o foco no presente vem de um famoso caso de marketing de uma indústria de pasta de dentes. Essa empresa queria aumentar a velocidade de consumo dos tubos de creme dental pelos clientes. Durante semanas, os estrategistas se reuniram sem conseguir encontrar uma solução eficaz. Um dia, durante mais uma dessas reuniões, um funcionário responsável pela manutenção do piso, ouvindo a conversa, sugeriu uma ideia simples e poderosa: aumentar o tamanho do orifício de saída da pasta. A solução foi imediata e certeira. Quem poderia ter imaginado algo tão simples senão alguém totalmente atento ao momento presente?

Agora, você também pode acessar esse poder. O poder de silenciar a mente, fazer escolhas inteligentes e permitir que as ideias fluam livremente. Talvez esteja se perguntando qual técnica usar para silenciar a mente tagarela. A resposta é simples: escolha silenciá-la. Sempre que surgirem pensamentos inúteis ou tóxicos, traga sua mente de volta ao presente, onde você tem o comando absoluto.

Não procure soluções complexas para problemas complexos; busque soluções simples para qualquer tipo de problema. Quem cuida disso é sua criatividade natural, que surge justamente quando você silencia aquela voz interna que só enxerga dificuldades.

Experimente agora mesmo ordenar mentalmente com firmeza: "Quero você no presente. Quero silêncio mental". Quando sua mente estiver silenciosa, a capacidade de percepção dos seus sentidos aumenta de maneira significativa.

Faça um exercício prático agora: respire lenta e profundamente algumas vezes enquanto sua mente silencia. Feche os olhos e concentre-se apenas em sua respiração. Escolha um dos sentidos, como a audição, e transfira a atenção da respiração para os sons ao redor. Observe quantos sons você consegue identificar, talvez sons que nem tinha percebido até agora. Faça esse mesmo exercício com outros sentidos: observe cuidadosamente seu entorno (visão), perceba novos odores (olfato), sinta a textura de suas roupas (tato), ou aprecie a sutileza dos sabores (paladar).

A grande vantagem de uma mente silenciosa é aplicar energia de alta qualidade às tarefas diárias, seja participando de reuniões importantes, lendo um texto ou executando tarefas complexas. Outro benefício da mente focada é conseguir realizar uma tarefa por vez, concluindo-a rapidamente e com eficiência.

Estudos demonstram que pessoas capazes de se concentrar em uma única tarefa até finalizá-la são mais eficientes e assertivas do que aquelas que tentam realizar múltiplas atividades simultaneamente.[35]

A concentração é, antes de tudo, um exercício de exclusão. Ao se afastar de relacionamentos tóxicos e escolher pensamentos que realmente importam, você mantém o foco nas prioridades, eliminando obstáculos desnecessários. Assim, abre espaço para reescrever sua própria história de sucesso.

Por isso, toda a discussão deste livro conduz você ao entendimento de que foco e disciplina são, antes de tudo, exercícios de exclusão. Quando você se afasta de relacionamentos tóxicos e seleciona cuidadosamente os pensamentos que permitem habitar sua mente, concentra-se no que realmente importa e elimina preocupações desnecessárias. Dessa forma, você cria o espaço necessário para reescrever, com clareza e propósito, sua própria história de sucesso.

O que falta para você realizar seus sonhos?

Na adolescência, tive um patrão muito divertido e inteligente. Quando um cliente vinha à loja e, na hora de pagar, começava a pechinchar dizendo que não tinha dinheiro suficiente, ele sempre dizia: "Deus nem sempre nos dá exatamente o que pedimos, mas certamente nos dá tudo aquilo de que precisamos". Esse argumento quase sempre funcionava: o cliente parava de reclamar e fechava a compra.

---

[35] BARBOSA, C. **A tríade do tempo**. Rio de Janeiro: Sextante, 2011.

Então, do que exatamente você precisa para realizar seu sonho? Será que não está pedindo algo que já possui?

Talvez a resposta dependa de descobrir claramente qual é o objetivo final de seu sonho. Sonhos grandes exigem muito trabalho; sonhos pequenos, menos trabalho. Mas independentemente do tamanho, sonho é sonho, e cada um tem o seu valor. Agora, pergunte-se: qual o verdadeiro objetivo por trás desse sonho?

Minha proposta é ajudá-lo a perceber que, não importa qual seja o seu sonho, sempre há uma maneira de realizá-lo. Insisto na tese de que você pode realizar qualquer coisa, pois acreditar nisso mantém seu espírito jovem e sua energia elevada.

Quando duvidamos da amplitude de nossos sonhos, podemos criar estados mentais limitantes, como ansiedade e frustração. É fundamental dar asas à imaginação, mantendo-se analítico para identificar claramente qual é o objetivo emocional por trás do sonho. Por exemplo, se o sonho for passar em um concurso público, ao receber a notícia da aprovação você se sentirá feliz e realizado, não é mesmo?

Às vezes, desejos como comprar um carro novo, mudar de emprego ou conhecer alguém especial estão apenas mascarando um desejo emocional mais profundo. O metapensamento é a ferramenta ideal para identificar essas reais intenções por trás de nossos sonhos aparentes.

Muitas pessoas dizem: "Quando eu conseguir um emprego melhor, serei mais seguro"; "Quando tiver mais tempo, me dedicarei a meus filhos"; "Quando eu ganhar na loteria, finalmente serei feliz". Segurança, atenção e felicidade são estados mentais que você pode acessar agora, gratuitamente. Não é necessário esperar nenhuma condição específica para vivenciá-los.

Quando alguém condiciona sua felicidade à realização de algo específico, se condena a uma vida de frustrações. Felicidade não deve depender de condições futuras; é um estado mental acessível aqui e agora. Você não precisa de nada externo para ser feliz, basta escolher ser feliz imediatamente.

Conheci um empresário que reclamava constantemente da crise econômica, triste porque ao final do mês não sobrava dinheiro. Porém, conversando com ele, percebi que, apesar de não sobrar dinheiro, ele não tinha nenhuma dívida. Pagava todas as contas à vista. Na realidade, isso deveria ser motivo de orgulho e felicidade, não de tristeza. Essa felicidade poderia inclusive energizá-lo para encontrar novas oportunidades.

Investigue hoje mesmo seus sonhos e descubra se eles estão vinculados a emoções que você pode experimentar imediatamente. Se o objetivo do sonho é sentir-se feliz, permita-se ser feliz agora mesmo. Se deseja mais tempo com seus filhos, faça uma pausa e aproveite com eles agora. Sentir-se bem no presente gera uma energia poderosa para alcançar qualquer coisa que deseje.

Você sempre esteve a um passo de realizar seus sonhos. Basta fazer as escolhas certas e agir com clareza para que coisas incríveis comecem a acontecer.

Por exemplo, alguém sonha em comprar um barco luxuoso para passeios em família. Como se sentiria se esse sonho fosse realizado agora? Provavelmente eufórico, não é mesmo? Essa euforia torna a jornada de planejamento e execução das pequenas etapas muito mais prazerosa.

Que tal pegar uma folha de papel agora mesmo e desenhar seu mapa do tesouro? Faça este exercício de reflexão:

Meu sonho é ser ....

Meu sonho é ter ....

Meu sonho é ir ....

Você sabe que somente aqueles que fazem a coisa certa conseguem realizar sonhos. Portanto, o que você precisa fazer agora para alcançar seus desejos?

Voltando ao exemplo do barco, talvez o primeiro passo seja abrir uma poupança no banco, depois organizar as finanças e definir um valor mensal para depositar. E assim, com foco e disciplina, passo a passo, você estará mais próximo de seu objetivo.

A autorrealização acontece quando sabemos exatamente as escolhas necessárias, o caminho a seguir e o tempo que levaremos para alcançar nossas metas. Isso elimina as aflições e mantém nossa motivação elevada.

O universo recompensa quem age corretamente em direção aos sonhos sem prejudicar outras pessoas ou a natureza. Todas as nossas ações afetam aqueles ao redor e o ambiente em que vivemos. Por isso, nossas decisões devem sempre ser tomadas com ética e moralidade. Para dormir em paz, é fundamental ter certeza de que nossas ações beneficiam não apenas nós mesmos, mas também o mundo ao redor.

Organização: seu novo valor moral

Todos os anos era a mesma coisa – comigo, com muitas pessoas com quem eu conversava e talvez até com você. Um problema de saúde recorrente me incomodava profundamente, tirava minha paz e comprometia minhas noites de sono. Isso acontecia sempre entre os meses de julho e agosto. Como você sabe, nessa época do ano o inverno chega ao Brasil e o clima no Sudeste, onde moro com minha família, torna-se extremamente seco. Durante a madrugada, meu sistema respiratório ressecava, ardia e me fazia acordar diversas vezes. Pela manhã, meu nariz estava ferido e, por consequência de uma noite maldormida, meu humor estava péssimo.

Mas por que estou lhe contando isso? Porque o sofrimento se repetia ano após ano – até o dia em que compreendi o poder da organização e da prevenção.

Depois de tanto padecer, aprendi a me antecipar ao problema. Hoje, no início do inverno, reforço o estoque de solução fisiológica para hidratar o nariz e coloco o vaporizador em funcionamento, garantindo umidade ao ar. Essa pequena atitude me devolveu boas noites de sono, manhãs mais leves e um estado de espírito muito melhor. Simples assim. Um problema a menos!

Esse é apenas um exemplo, mas revela uma grande verdade: são os pequenos incômodos não resolvidos que minam nosso foco e bem-estar. Uma formiga sozinha não muda a paisagem, mas um formigueiro pode fazer desaparecer uma floresta. E é assim que os pequenos problemas agem quando não são prevenidos – eles se acumulam e se tornam imensos.

Quantas pequenas situações de saúde, como essa que relatei, surgem ano após ano e comprometem sua produtividade e seu humor? Uma vida organizada resulta em uma mente mais tranquila e centrada.

Organização é irmã gêmea da prevenção. Quem se organiza, previne – e isso vale para problemas pequenos ou grandes. É como preparar as malas para uma viagem: você tenta prever todas as situações possíveis e escolhe os trajes adequados para cada uma delas. Organização, portanto, deve se tornar uma virtude. E o que isso significa? Que, antes de adotar o hábito, você precisa reconhecer e valorizar sua importância.

Existem excelentes livros e tutoriais na internet que ensinam como organizar desde uma simples gaveta até um setor inteiro de uma empresa. Mas de nada adianta um método eficaz se você não valoriza o princípio da organização.

Conheço empresas que vivem um caos diário. Funcionários estressados gastam tempo e energia para apagar incêndios, enquanto os problemas se multiplicam. Tudo isso porque a liderança não valoriza a organização como deveria.

Organização não é apenas uma habilidade – é uma virtude. Pessoas organizadas esquecem menos, desperdiçam menos tempo, vivem com menos pressão e antecipam problemas. Ser organizado é um dos caminhos mais sólidos para alcançar a disciplina e conquistar a tão desejada paz mental.

Hoje, com tanta informação disponível, ninguém deveria ser pego de surpresa. Se você acompanhar os noticiários durante um ano, verá que as pautas se repetem: festas de fim de ano, férias, impostos, matrículas escolares, Carnaval, Páscoa, Dia das Mães, dos Pais, das Crianças... e, entre esses eventos, as notícias giram em torno de violência, política, saúde e clima. Pouco muda.

Mesmo o comportamento humano segue padrões previsíveis: muita gente começa o ano endividada, com promessas não cumpridas, ansiosa e cheia de dúvidas. Mas será que precisa ser sempre assim? Claro que não! Com organização, é possível começar o ano com mais leveza, planejamento e foco nos projetos importantes.

Conheço uma família de classe média que todos os anos começa com tranquilidade. Assim que recebem as primeiras entradas financeiras, a esposa já reserva uma parte para os compromissos do início do ano seguinte – IPTU, IPVA, matrícula, material escolar. Enquanto muitos se desesperam com as contas, essa família viaja em paz, com tudo pago e o orçamento sob controle. É um belo exemplo de organização emocional e financeira.

Hoje, com todo o conhecimento humano ao alcance de um clique, é possível se prevenir, planejar e manter o equilíbrio. Quando você antecipa os problemas, cria um ambiente interno de controle e serenidade.

Ser organizado não é o mesmo que ser metódico ou obsessivo. Não estou falando de estética, embora a organização naturalmente melhore o visual de qualquer coisa. Pense em uma planilha bem-feita: fontes iguais, alinhamento perfeito, cores harmônicas. A função era organizar, mas o resultado também foi esteticamente agradável.

A organização de que falo aqui tem a ver com eficiência. Pessoas organizadas são ágeis, práticas e produtivas. Enquanto o organizado coloca todas as canetas no mesmo local, o metódico alinha uma a uma, com as tampas viradas para o mesmo lado. Ambos são valiosos – o primeiro pela praticidade, o segundo pela atenção aos detalhes.

Você tem metas, sonhos, objetivos. E organização precisa ser a virtude que sustenta essa jornada. Talvez se pergunte: "Como começo a valorizar mais a organização?". A resposta é simples: experimente os benefícios desse hábito. Observe seu trabalho com um olhar crítico e estético. Busque aperfeiçoar, melhorar, otimizar.

Ser organizado colocará você em uma rota mais rápida e segura rumo à realização de seus projetos. E mais: vai aproximá-lo de dois ingredientes indispensáveis para alcançar grandes resultados – coragem e disciplina.

Coragem e disciplina

Henry Ford foi o homem que inovou e revolucionou a indústria automobilística mundial no final do século XIX. Antes dele, os veículos eram acessíveis apenas a pessoas com alto poder aquisitivo, pois os custos e a mão de obra envolvidos na produção artesanal eram altíssimos e inviabilizavam a popularização do produto.

Ford mostrou ao mundo que, com organização, planejamento e uma boa dose de coragem e disciplina, era possível transformar radicalmente todo um setor industrial e, com isso, revolucionar o modo como as pessoas se deslocavam. Ele criou e implantou o conceito de linha de montagem, que reduziu o tempo de produção e barateou os custos finais dos veículos, permitindo sua popularização. Organização, coragem e disciplina eram seu lema.

Assim como a organização, a disciplina também é uma virtude. Se você deseja ser organizado, comece valorizando a organização. Se deseja ser disciplinado, então não procure um curso – aprenda, antes de tudo, a dar valor à disciplina. Aqui, vale relembrar a citação atribuída a Henry Ford: "Há mais pessoas que desistem do que pessoas que fracassam". E se você refletir profundamente sobre essa frase, verá o quanto ela é carregada de sentido e verdade.

Muitas pessoas vivem sonhando, mas não saem do campo das ideias. Como diz a música de Paulinho Mocidade, "sonhar não custa nada", mas realizar sonhos tem um preço que somente os disciplinados estão dispostos a pagar. Organização e coragem são fundamentais; mas, sem disciplina para sustentar uma decisão, os sonhos se esvaem.

A mente disciplinada é a capacidade de identificar as etapas necessárias para realizar um projeto e segui-las com determinação até atingir o objetivo. É como um mapa que mostra o caminho e diz o que deve ser feito para encontrar o tesouro. Ford foi exemplar nesse sentido. Ele reuniu as informações disponíveis sobre montagem de veículos e organizou tudo em um método: a linha de montagem. Teve coragem de romper com os padrões da época e persistência para seguir seu sistema até provar sua eficácia.

Se você tem uma ideia e provou para si mesmo que ela tem potencial, organize-se. Se tiver coragem de começar e disciplina para não se deixar desviar por distrações, tudo indica que você terá sucesso. Lembre-se: "Há mais pessoas que desistem do que pessoas que fracassam".

Os fracos não conseguem manter o rumo. Desviam-se do caminho, desistem dos próprios sonhos e culpam o governo, a crise, os outros – tudo, menos a si mesmos. São vítimas dos próprios vícios, da procrastinação, das distrações digitais, de amizades tóxicas e de escolhas erradas. A força para resistir a essas tentações está na mentalidade forte.

Os fortes, os que pouco fracassam, colhem os frutos da perseverança e da paciência. Quem não desiste, chega mais longe. Pense em vestibulares e concursos: o caminho da aprovação é claro – estudar, tentar, errar, aprender e tentar novamente. A cada tentativa, o estudante fica mais forte, mais preparado. Ele tem o plano de estudos e disciplina, reconhece os pontos fracos e age para superá-los.

Foco e disciplina são seus grandes diferenciais. Veja as pessoas que vivem lutando contra a balança. Existem centenas de métodos e livros com receitas eficazes. O que falta? Força moral para seguir o plano até o fim. Os disciplinados seguem o programa, colhem os resultados e vivem os benefícios. Esse poder está a seu alcance.

Conheci um empresário que seguiu rigorosamente um programa de exercícios e alimentação saudável. Quarenta minutos diários na esteira e alimentação controlada. Em menos de sessenta dias, perdeu cerca de 40 quilos. Outro empresário, com disciplina semelhante, cortou refrigerante, adotou uma dieta equilibrada e, mesmo mal conseguindo caminhar no início, insistiu e passou a correr 10 quilômetros por dia. Com esforço, alcançou seu objetivo e perdeu trinta quilos em setenta dias.

A disciplina é uma força que move a humanidade. Saber o que se deseja, conhecer o caminho e seguir o roteiro com constância é a chave do sucesso.

O primeiro passo para sua transformação é saber exatamente o que quer e o que precisa fazer. O roteiro é seu mapa, e ele sustenta o foco e a disciplina. Reflita mais uma vez:

- Aonde exatamente você deseja chegar?
- O que precisa fazer para alcançar esse objetivo?

Já reparou que sempre expressamos nossos sonhos com verbos? Isso não é por acaso. Os verbos nos convocam à ação. Veja:

- Quero SER dono de meu próprio negócio.
- Quero TER mais dinheiro.
- Quero IR para a Europa.
- Quero COMPRAR uma casa.
- Quero CONQUISTAR um troféu.
- Quero PASSAR no vestibular.
- Quero FAZER um regime.

Quais são os verbos de sua vida? Escrever esse mapa com clareza é fundamental para manter o foco. E o foco é consequência da disciplina. Saber aonde quer chegar ajuda a afastar a ansiedade, a insegurança, a preguiça e o tédio. Isso fortalece sua base interna.

E o que deve constar no mapa de seus sonhos? Talvez você seja a melhor pessoa para responder. Só você sabe o que falta para alcançar seus objetivos. E, se não souber, está tudo bem. Muitas pessoas sabem que precisam mudar, mas não sabem como. Às vezes têm uma boa ideia, mas não têm recursos. Outras possuem os recursos, mas não têm coragem. Outras ainda dispõem de recursos e coragem, mas falta disciplina.

Por isso, seu mapa deve indicar com clareza por onde seguir. E se, mesmo com todas as estratégias definidas, você ainda estiver inseguro ou perdido, busque ajuda. Siga as orientações do Capítulo 7, sobre relacionamentos equilibrados. Ouça os mentores certos, aceite críticas com humildade, peça conselhos a pessoas de confiança e com autoridade.

Essas atitudes o ajudarão a construir seu mapa do tesouro – o guia que o manterá focado e disciplinado na direção de seus sonhos.

É hora de assumir o controle

A memória humana é um poderoso mecanismo de defesa e oportunidade. Ela nos faz lembrar das experiências agradáveis, para que possamos repeti-las, e das experiências ruins, com o intuito de evitá-las.

Para isso, nossa memória recorre, muitas vezes, a associações inusitadas – e até engraçadas. Por exemplo, hoje em dia, toda vez que viajo de carro procuro respeitar os limites de velocidade e as faixas de ultrapassagem. Mas nem sempre foi assim. Como muitos jovens da minha época, eu gostava de acelerar um pouco mais e fazer ultrapassagens perigosas só para chegar alguns minutos mais cedo ao destino. Um amigo que costumava viajar comigo a trabalho, ao perceber que eu estava apressado, começava a cantar a clássica "Estrada da Vida", da dupla sertaneja Milionário e José Rico:

> *"Nesta longa estrada da vida*
> *Vou correndo e não posso parar*
> *Na esperança de ser campeão*
> *Alcançando o primeiro lugar*
> [...]
> *Mas o tempo cercou minha estrada*
> *E o cansaço me dominou*
> *Minhas vistas se escureceram*
> *E o final da corrida chegou..."*

Ele cantava fazendo mímicas engraçadas. E eu, inevitavelmente, me tocava, tirava o pé do acelerador e voltava a respeitar os limites da estrada – e da vida.

Um dos propósitos deste livro é exatamente este: ajudá-lo a manter a mente no presente e contemplar mais a vida. É o que faço hoje quando pego a estrada. Não sou mais aquele motorista inconsequente. Procuro curtir a viagem, admirar a paisagem, ouvir boas músicas... E hoje, percebo como ainda há pessoas repetindo os mesmos atos de imprudência que eu mesmo já cometi. Mas, ao mudar meu estado de consciência, consegui abandonar esse comportamento.

Lembro-me de uma viagem em que eu dirigia por uma rodovia simples e bastante movimentada, voltando para casa depois de uma intensa semana de trabalho. Queria muito ver minha esposa e meu filho, mas o bom senso me fazia seguir com atenção às sinalizações e limites da estrada.

Foi quando um carro esportivo vermelho se aproximou da traseira do meu veículo, praticamente colado. Pelo retrovisor, percebi que o motorista era jovem, estava visivelmente irritado e demonstrava muita pressa – o farol esquerdo do carro dele aparecia constantemente no meu espelho lateral. Ele tentava ultrapassar, mas o tráfego no sentido contrário e um caminhão à nossa frente impediam qualquer manobra segura. Após várias tentativas, ele finalmente fez uma ultrapassagem em local proibido e sumiu na frente.

Segui minha viagem, ainda atrás do caminhão. Alguns quilômetros depois, encontrei o mesmo carro vermelho... agora colado na traseira de outro caminhão lento. Mais uma vez, forçou a ultrapassagem e desapareceu. Encontrei-o novamente algumas vezes, sempre no mesmo padrão: impaciente, acelerando, preso atrás de outro caminhão.

E eu lhe pergunto: qual é o destino final de todos nós? Tenho certeza de que você sabe a resposta. Então, para que tanta pressa? Às vezes, o preço que se paga por ganhar alguns minutos é alto demais. E, sinceramente, não vale a pena.

Você não deve conduzir sua vida como um carro acelerado. A prudência precisa guiar seus passos. Respeite seus próprios limites físicos e emocionais. Não atropele pessoas, nem situações. Obedeça aos sinais de alerta do bom senso. O autocontrole ensina que não há necessidade de correria desenfreada. Você está no comando de sua vida – e pode escolher sempre o melhor caminho.

Mais do que isso: o autocontrole permite que essa escolha seja feita com paz no coração. E, quando a estrada da vida estiver chegando ao fim, sua memória estará cheia de boas lembranças: dos dias em que você largou tudo para brincar com seu filho; dos abraços demorados em quem você ama; das conversas instrutivas com seus pais, enquanto ainda estavam vivos; dos planos em família para a compra da nova casa ou para aquela viagem dos sonhos.

Assuma o controle agora. Livre-se da vaidade, do acúmulo, do apego material. Quando você opta por uma única direção clara, elimina os conflitos internos. Portanto, escolha. E que sua escolha seja sempre a melhor possível.

CAPÍTULO 10

Agora você tem o poder

Se durante muito tempo você se sentiu como um espectador dos descontroles de sua mente, saiba que esse quadro está prestes a mudar. Agora você sabe que, com muito policiamento, conhecimento e técnicas adequadas, é possível se libertar das peripécias e surpresas de pensamentos, que por mais edificantes que possam parecer, na maioria das vezes são inúteis e desconexos, servindo apenas para desviá-lo do foco.

Com foco, disciplina e autocontrole, você é capaz de observar, compreender e interagir com a própria mente. Aquilo que já foi um fardo pode tornar-se a sua melhor fonte de inspiração e o ambiente ideal para a conquista da paz de espírito.

Talvez você ainda não tenha se dado conta de que, ao estabelecer o autocontrole, a batalha invisível que travamos diariamente para manter a mente a nosso lado se torna cada vez menor. E, com o tempo, você experimentará a sensação maravilhosa de ver o tempo passar em câmera lenta.

Com a mente a seu favor e o foco como estado mental predominante, você sentirá a certeza de ter feito o melhor, de ter se dedicado verdadeiramente a seus semelhantes, e de ter feito a coisa certa na hora certa. A nova oportunidade surgirá porque você estava pronto, atento e presente.

Se a mente é um picadeiro, então chegou a hora de sair da plateia e dirigir o espetáculo. Agora é você quem escreve o roteiro, traça o mapa do tesouro e mostra o caminho para atuar com excelência.

Ao longo deste livro, compartilhei com você dicas práticas para conquistar alguns dos maiores desejos da atualidade: foco, disciplina, autocontrole e paz mental.

Se antes você se sentia prisioneiro da sua própria mente, agora tem o direito de comandar o jogo. Aprendeu a não reprimir ou brigar com pensamentos negativos, fracos ou inapropriados. Em vez disso, aprendeu a respeitá-los, compreender suas origens e neutralizar suas influências.

Com disciplina, você poderá dizer que vive em paz com seus pensamentos. Como um maestro, você conduzirá com habilidade os anjos e feras que se apresentam no mesmo palco. Aquilo que os outros chamam de paciência ou calma, você chamará de autocontrole, equilíbrio, paz mental e liberdade.

Ao usar as capacidades da mente a seu favor, poderá conquistar tudo o que lhe falta para se sentir mais completo e realizado. Poder aproveitar o presente e se libertar dos arrependimentos do passado e dos medos do futuro é libertador.

Com foco e disciplina, você enxerga além das dificuldades e encontra soluções. Dirigindo o espetáculo da sua mente, canalizando energias para as escolhas certas, você experimentará um estado de felicidade que talvez não sentisse há muito tempo.

Para sentir paz, você não precisa fugir do mundo. Pode continuar vivendo em um centro urbano agitado, conectado a seus dispositivos, atendendo ligações e mensagens. O segredo está em descobrir que, mesmo no caos, é possível fechar os olhos, respirar fundo, relaxar e permitir que o Eu – sua mente consciente – assuma o controle.

O Eu é o caminho da esperança. Ele produz momentos de paz de espírito, acessíveis a todos. Foi isso que você aprendeu: que é possível. Agora é hora de vivenciar. Coloque em prática as atitudes e caminhos que o levam à realização de seus sonhos. Tal como as crianças vivem o presente, você aprenderá a habitar o agora e a enxergar detalhes que antes passavam despercebidos.

Você está qualificado para desenvolver o foco, a disciplina, o autocontrole e a concentração. Você nasceu para ser feliz. O "software da felicidade" está agora ativado. Seus aplicativos mentais estão prontos para acessar alegria e satisfação, talvez adormecidas até aqui.

Nunca se esqueça: é você quem comanda sua mente. Observe, conheça e dome seus pensamentos. Faça deles uma fonte inesgotável de energia e entusiasmo.

Assuma o controle de sua existência. Acorde mais cedo, aprecie a luz da manhã, ouça o canto dos pássaros, respire fundo e agradeça. Ensine seus filhos com paciência e carinho. Mostre a eles como realizar tarefas simples com alegria. Isso os fará felizes e criará vínculos eternos.

O autocontrole é a chave de acesso a seu novo mundo mental. Com ele, você se tornará alguém mais calmo, disciplinado, emocionalmente equilibrado e mentalmente forte. Alguém que resiste às tentações e vence os próprios vícios.

Talvez você deseje fazer dieta, parar de beber, largar o cigarro, estudar para um concurso ou aprender um novo idioma. Com um bom plano, disciplina e dedicação, tudo isso é possível. Sua mente não será mais fonte de problemas, mas uma usina de força.

Às vezes, resolver um problema exige apenas um pedido de desculpas, um diálogo, um gesto de humildade. O autocontrole facilita a empatia e promove decisões mais acertadas. Ele impede que o sofrimento se alastre e permite que você mantenha o foco no que realmente importa.

Escolha ser mais desprendido. Invista menos no TER e mais no SER. Não é preciso acumular roupas, sapatos, carros ou imóveis. Jesus Cristo – o maior nome da história – viveu com pouco e espalhou amor por todo o mundo. Quanto mais você investir em seu autoconhecimento, mais entenderá que a felicidade mora na simplicidade.

Os estados mentais refletem diretamente nas escolhas que fazemos. Eles são como os aplicativos de seu smartphone: alguns úteis, outros supérfluos. Faça uma faxina. Elimine o que vicia, o que rouba seu tempo, e mantenha só o que o impulsiona a crescer.

O mundo precisa de bons líderes, de pessoas conscientes que produzam sem destruir. O universo clama por indivíduos do bem. E você é um deles. Para assumir esse papel, será necessário eliminar tudo o que atrapalha. Exerça sua força moral agora mesmo.

Ter autocontrole é escolher viver em estado de felicidade. Pessoas felizes têm mais recursos, mais energia e um cérebro mais jovem e resiliente. A mente precisa de paz para criar, inovar e construir o futuro que você deseja.

Você não pode aceitar viver no piloto automático, refém do ciclo acordar-trabalhar-dormir. Viver é muito mais do que isso. Por isso, assuma o controle de suas escolhas e coloque sua mente a serviço de seus sonhos.

Durante anos, os conselhos que recebi nas dificuldades me mandavam gritar, brigar, chorar. Hoje sei que esses conselhos apenas aumentavam minha dívida comigo mesmo. Se eu queria preservar minha saúde e equilíbrio, deveria aprender a agir com serenidade.

Respeite sua natureza. Não reprima, mas compreenda e neutralize os efeitos negativos das emoções com benevolência, lucidez e maturidade. O autocontrole é sempre um movimento do bem. É a resposta sábia do anjo diante dos conselhos do diabo. É a maneira mais inteligente de tornar a vida mais leve.

Transformar uma emoção negativa em neutra ou positiva só é possível quando investigamos suas raízes. Se a mente é um picadeiro, você é o diretor. E o metapensamento é o feixe de luz que ilumina o picadeiro.

Pessoas equilibradas sofrem menos porque decidem melhor. E agora esse poder está em suas mãos.

POSFÁCIO

O grande espetáculo da mente

Explicar a mente não é tarefa fácil, como eu já havia sugerido no início deste livro. Mas se fosse possível resumi-la em uma imagem, o circo seria a metáfora perfeita. No centro desse circo, há um enorme picadeiro – o palco da vida mental, onde se desenrola um espetáculo diário, diante de um único espectador: você.

As luzes se acendem.

No picadeiro, o holofote destaca um animado apresentador. Ele retira a cartola, estende o braço com elegância, sorri, aproxima o microfone da boca e anuncia com entusiasmo:

"Que se abram as cortinas! Rufem os tambores! Entrem as feras, as musas, os trapezistas, os músicos, os palhaços, o vidente, o malabarista e o mago. Entrem todos no picadeiro. Respeitável público... o show vai começar!"

Mas algo acontece.

O espectador, o único presente, se levanta da cadeira. Pela primeira vez, ele invade o picadeiro. Caminha com passos firmes, decidido. Seu olhar transmite certeza. Ele sabe o que precisa fazer.

Durante muito tempo, foi apenas um espectador. Assistia, inerte, ao mesmo espetáculo todas as manhãs. Vivia como quem assiste a um filme repetitivo – que o enfraquecia, drenava sua energia e enterrava seus sonhos.

Mas agora ele entendeu:

É preciso mudar.

É hora de assumir o comando.

Ele toma o microfone das mãos do apresentador. Mas a luz que o ilumina agora não vem dos holofotes.

É sua própria luz.

A voz antes embargada, agora ecoa como um trovão:

"Prendam as feras! Soltem-nas apenas quando eu ordenar."

E segue:

"Musas, contenham seus desejos. Não deixem que os excessos da vaidade escravizem suas vidas. Trapezistas, cuidem dos saltos. Calculem bem os riscos antes de se lançarem no ar. Palhaços, riam, sim, mas de forma comedida. Há coisas que precisam ser levadas a sério. Mago, fale menos do passado – é tempo de criar soluções novas para velhos problemas. Malabarista, escolha uma tarefa por vez. A pressa e o excesso alimentam o erro. Minha vida depende de sua precisão. Vidente, reveja meus planos a cada manhã. Mostre as melhores possibilidades para meu futuro. Renove meus sonhos. Lembre-me de minhas virtudes. Ensine-me a viver um dia de cada vez. Vigie meus pensamentos. Proteja meu cérebro com foco e disciplina."

Por fim, ele anuncia com um sorriso sereno:

"Respeitável público...

O espetáculo vai começar."

REFERÊNCIAS BIBLIOGRÁFICAS

AFINAL, o que há de tão especial no cérebro humano? **Livre pensamento**, 26 maio, 2014. Disponível em: www.livrepensamento.com/2014/05/26/afinal-o-que-ha-de-tao-especial-no-cerebro-humano/. Acesso em: 9 maio 2025.

ALVAREZ, A. **Exercite sua memória**. São Paulo: Nova Cultural, 2004.

ANDREAS, S.; ANDREAS, C. **A essência da mente**: usando o seu poder interior para mudar. São Paulo: Summus, 1993.

BANDLER, R.; GRINDER, J. **Resignificando**: programação neurolinguística e transformação do significado. São Paulo: Summus, 1986.

BARBOSA, C. **A tríade do tempo**. Rio de Janeiro: Sextante, 2012.

BODEN, M.A. (org.). **Dimensões da criatividade**. Porto Alegre: Artmed, 1999.

BRAGA, A. P.; LUDERMIR, T. B.; CARVALHO, A. C. P. **Redes neurais artificiais**: teoria e aplicações. Rio de Janeiro: LTC, 2000.

BRAND, J. L. **Comunique-se melhor e desenvolva sua memória**. São Paulo: Vida Nova, 1999.

DRAAISMA, D. **Metáforas da memória**: uma história das ideias sobre a mente. São Paulo: Edusc, 2005.

ECCLES, J. C. **Cérebro e consciência**: o self e o cérebro. Lisboa: Instituto Piaget, 2000.

FRAWLEY, W. **Vygotsky e a ciência cognitiva**. Porto Alegre: Artmed, 2000.

GOLEMAN, D. **A arte da meditação**. Rio de Janeiro: Sextante, 1999.

GREENFIELD, S. A. **O cérebro humano**: uma visita guiada. Rio de Janeiro: Rocco, 2000.

HALLOWELL, E. M.; RATEY, J. J. **Tendência à distração**. Rio de Janeiro: Rocco, 1999.

SETZER, V. W. O que a internet está fazendo com nossas mentes? **IME USP**, 16 mar. 2012. Disponível em: www.ime.usp.br/~vwsetzer/internet-mentes.html. Acesso em: 9 maio 2025.

Este livro foi impresso
pela gráfica Bartira em
papel pólen bold 70 g/m²
em agosto de 2025.